# Les Oubliés du Père Lachaise
*Abécédaire non exhaustif*

© L'Harmattan, 2010
5-7, rue de l'Ecole polytechnique ; 75005 Paris

http://www.librairieharmattan.com
diffusion.harmattan@wanadoo.fr
harmattan1@wanadoo.fr

ISBN : 978-2-296-11817-1
EAN : 9782296118171

Jean TARDY

# Les Oubliés du Père Lachaise
## *Abécédaire non exhaustif*

Je tiens à adresser mes plus sincères remerciements à Monsieur Bertrand Beyern pour les précieuses informations qu'il m'a communiquées, pour ses conseils et ses encouragements sans lesquels ce livre n'aurait pu voir le jour.
Bertrand Beyern est notamment l'auteur de :
*Mémoires d'entre-tombes*, ed. Le cherche midi, 2008
*Guide des tombes d'hommes célèbres*, ed. Le cherche midi, 2008

Qu'il me soit également permis de remercier Madame Lucette Hasnaoui pour ses conseils et son assistance, ainsi que Monsieur Stéphane Szerman, auteur des photos de sépultures.

## *Introduction*

Le Père Lachaise...
comme un musée à ciel ouvert,
comme un livre d'histoire,
comme une partition musicale,
comme une leçon de philosophie...

Expressions mille fois lues ou entendues, usées jusqu'à la corde... et pourtant si justes.
Ici, à travers les épitaphes et les monuments s'exprime, gravée dans la pierre, la mémoire minérale d'une kyrielle de personnages illustres.
Artistes, entrepreneurs, écrivains, savants, philosophes, explorateurs, maréchaux, courtisanes...
Tous acteurs de notre histoire collective et de nos références partagées...
Tous sortis vainqueurs du combat contre l'oubli, à défaut d'avoir remporté celui contre la mort.
Mais le souvenir est sélectif et la mémoire ingrate. Pour tout dire, arbitraire.
Consciencieusement et comme avec jubilation, elle tresse, cette mémoire, d'immortelles couronnes de lauriers à quelques-uns, vouant irrémédiablement tous les autres à l'indifférence des générations futures.
Goûter à la gloire posthume ou aux affres de l'oubli. Entrer au Panthéon de la mémoire ou rester sur le seuil...
Injuste tamis de l'Histoire. Ingrats aléas d'une postérité qui se donne ou se refuse au gré de ses humeurs...
Notre objet n'est pas de rendre un hommage supplémentaire aux célébrités qui reposent dans la nécropole ni de souligner une fois de plus le mérite de personnages déjà tant honorés.

Modestement, nous souhaitons saluer la mémoire de quelques-uns de ces hommes et de ces femmes qui, par leur talent, leur courage, leurs travaux ou la force de leurs convictions, connurent la gloire et l'admiration de leurs contemporains... mais qui sont aujourd'hui très largement tombés dans l'oubli...

Arago, Branly, Bienvenüe, Brongniart, de Lesseps, Ledru-Rollin, Parmentier... Des patronymes familiers, qui sonnent à nos oreilles comme autant de noms de rues ou de squares, de places ou de fontaines, de stations de métro ou de monuments, mais qui ont perdu leur visage et leur identité.

Nous avons ici choisi de présenter quatre-vingt deux personnages, sous forme d'abécédaire. Avec, pour chacun, une question, suivie de quatre réponses possibles et d'une illustration. Sur la page suivante, on trouvera la réponse et un développement retraçant la vie ou l'œuvre du personnage, ou encore les faits historiques dont il a été le témoin.

Simplement pour que, eux aussi, aujourd'hui effacés de nos mémoires, remportent ce combat contre l'oubli et que justice leur soit rendue.

Et aussi pour le plaisir.

Juste pour le plaisir de visiter autrement ce musée à ciel ouvert.

Juste pour le plaisir d'ouvrir une fois de plus, mais différemment, le livre d'histoire, la partition musicale, la leçon de philosophie...

Au regard de tous les personnages qui auraient pleinement mérité de figurer ici et que nous avons dû à notre tour oublier, on nous reprochera une sélection subjective. Elle l'est.

Un choix arbitraire, en somme.

Comme la mémoire.

# A comme...

About, Anjubault, Arago, Armant, Auclert

1- Aujourd'hui largement oublié, Edmond ABOUT (1828-1885), connut de son vivant une gloire littéraire qu'il semble aujourd'hui savourer du haut de son piédestal de bronze et qui devait le mener jusqu'à l'Académie française... Pourtant, il n'y siégea jamais car...

*A- impliqué dans une obscure affaire de bons du Trésor, il dut renoncer à cet honneur*
*B- critiqué par ses pairs, il préféra bouder les séances de la respectable institution*
*C- intellectuel contestataire, il refusa tout net cette reconnaissance*
*D- il mourut avant de prononcer son discours de réception*

L'académicien Edmond About, les yeux tournés vers l'Orient. Détail de la sépulture.
Illust. droits réservés

1-D.

Le fils d'épicier allait vite prouver qu'il était plus à l'aise dans le commerce des lettres que dans celui des denrées alimentaires et des produits d'entretien.

Elève brillant, il remporte le prix d'honneur de philosophie au concours général, histoire de se mettre en jambes. Dans la foulée, il intègre l'Ecole Normale Supérieure. Une formalité. Pour ne pas perdre la main, il sort major de la promotion d'agrégation de lettres à vingt-trois ans. Beau début de parcours. Le jeune Edmond a quelques dispositions, plus personne n'en doute.

Mais sa verve littéraire, son talent de narrateur, teint de préciosité et d'impertinence, c'est au cours de ses voyages qu'il les acquiert.

En Grèce, d'abord, puis en Egypte, où il séjourne un temps. Mais surtout lors de ce voyage inaugural de *l'Orient Express*, en 1883, où il a l'honneur d'être convié. Tout à son aise, About parcourt ainsi l'Allemagne, la Bulgarie, la Roumanie... visite aussi l'Autriche, la Hongrie, la Turquie...

Autant de rencontres incongrues, de péripéties rocambolesques, de découvertes inopinées, d'anecdotes cocasses, qui deviendront sa principale source d'inspiration. Edmond About en tirera des ouvrages au ton subtil et instructif : *Le fellah, Le Roi des montagnes, De Pontoise à Stamboul...* ouvrages qui lui valurent, le 24 janvier 1884, l'ultime reconnaissance qui puisse échoir à un homme de lettres : faire partie des quarante immortels de l'Académie française.

Las! About devait disparaître peu avant sa cérémonie de réception, alors que son discours d'accueil dans l'illustre institution était déjà imprimé.

Toucher la gloire et discrètement s'éclipser. En toute élégance. Cela ressemble bien à l'idée que l'on peut se faire de l'homme. Mais son œuvre, elle, demeure, et ne demande qu'à être remise au goût du jour.

Avec gourmandise, on se replonge dans son univers de voyages et de rencontres. Et les paysages de défiler, les personnages de se souvenir, les coutumes de raconter l'histoire des pays traversés. Ouvrages d'une rare qualité narratrice que l'ingratitude de la mémoire littéraire a pourtant laissés sur le quai.

Quelque part entre Pontoise et Stamboul.

2- En pleine révolution industrielle, Auguste ANJUBAULT (1820-1868) fut à l'origine de la création d'une entreprise de mécanique industrielle dont la renommée allait très largement dépasser les frontières nationales...
Ainsi, jusqu'en Inde, la société Anjubault allait exporter ses célèbres...

**A**- *moissonneuses batteuses*
**B**- *tracteurs à vapeur*
**C**- *locomotives de chantier*
**D**- *machines de filage du coton*

Médaille-souvenir de l'exposition universelle de 1867 où furent présentées les machines Anjubault.
Illust. droits réservés

2-C.
Bien sûr, l'idée de transporter hommes et marchandises par voie terrestre ne date pas d'hier. Déjà, en 600 avant notre ère, pour traverser l'isthme de Corinthe par l'intérieur, les Grecs, avaient inventé une sorte de voie comportant un rail rudimentaire fait de blocs de pierre entaillés. Des chariots, des esclaves, des bêtes de somme faisaient l'affaire et permettaient aux bateaux d'éviter les aléas de la mer. Un chemin de pierre, en quelque sorte.

Ensuite, ce fut l'Empire romain et les premiers wagons, tractés par des chevaux. Puis les rails de bois remplacèrent la pierre pour les besoins de l'activité minière, en Europe. Enfin le bois céda la place à la fonte, plus solide, et qui permettait de transporter de plus lourdes charges.

Mais force est de reconnaître que le XIX$^e$ siècle fut au chemin de fer ce que fut le suivant à l'automobile. Un âge d'or.

Partout de par le monde industrialisé, on en a compris tous les avantages. Transport de troupes, mais aussi de civils, de marchandises, de matériels… sans obstacles, sans limitation de distances, sans crainte des intempéries.

Et puis, il y a l'apparition de cette machine à vapeur qui simplifie tant les choses…

C'est dans ce contexte que notre homme va se faire un nom, en créant sa propre société de locomotives.

Modeste constructeur-mécanicien, Anjubault est adroit et intelligent. Deux qualités qui lui valent les félicitations du jury lorsqu'il présente l' *Orge*, une locomotive à quatre roues motrices à l'occasion de l'Exposition universelle de 1855. Juste récompense. Mais Anjubault n'est pas de ceux que la fortune enivre. Il travaille dur pour améliorer le rendement de ses machines, réduire le rayon des courbes, augmenter la charge transportée…

Douze ans plus tard, 1867, nouvelle Exposition universelle à Paris. Et nouveaux hommages.

En cette époque où l'on s'emploie à construire de nouvelles lignes un peu partout en France, la plupart des machines qui sortent des usines Anjubault sont destinées à des entrepreneurs de travaux publics, les autres à l'exportation, vers l'Espagne, la Suisse ou l'Inde.

L'Inde, reconnaissante, qui a récemment rendu hommage à l'industriel en éditant un timbre représentant une célèbre locomotive Anjubault de 1862.

Et puis le National Rail Museum de New Delhi, qui expose aujourd'hui encore un exemplaire de cette même Ramgotty, du nom du Directeur général des chemins de fer indiens à l'époque.

Et chacun pourra repartir du musée avec un modèle réduit de la vénérable machine.

3- Le promeneur attentif aura remarqué ici et là dans les rues de Paris des médaillons en cuivre portant le nom d'ARAGO (1786-1853). Ils sont autant d'hommages rendus à ce grand savant et à l'une de ses réalisations, elle même évoquée sur sa tombe, à savoir le calcul...

*A- de la circonférence de la Terre*
*B- du tracé suivi par le soleil le jour du solstice d'été*
*C- du parcours dessiné par la méridienne de Paris*
*D- de la position des planètes du système solaire*

L'un des 136 médaillons de cuivre portant le nom d'Arago fichés dans les pavés de Paris.
Illust. droits réservés

3- C.

Ce n'est qu'en 1884, lors de la conférence internationale de Washington et après d'âpres débats, que le méridien de Greenwich supplanta celui de Paris. En échange de quoi, les Britanniques acceptèrent, la mort dans l'âme, d'adopter enfin le système métrique en vigueur dans les autres pays du vieux continent.

Jusqu'alors, la méridienne parisienne constituait la référence, le point zéro du temps universel, celui à partir duquel se positionnaient tous les autres méridiens. En fait, c'est le savant Jean Dominique Cassini qui, dès 1718, fut le premier à calculer avec exactitude la trajectoire du méridien, Arago s'employant par la suite à en déterminer le prolongement jusqu'aux Açores.

Pour célébrer la mémoire de l'astronome-physicien - à qui l'on doit bien d'autres découvertes répertoriées sur sa tombe - la ville de Paris conçut de représenter au sol cet alignement virtuel, par une série de 135 médaillons de cuivre, frappés du nom ARAGO et désignant le nord et le sud. Ainsi, de la place Pigalle au parc de la Cité Universitaire, en passant par le boulevard St Germain, le jardin du Luxembourg et le parc Montsouris, on pourra, jogging ou shopping faisant, avoir une pensée pour celui qui contribua à mettre Paris au cœur du monde.

Curiosité: Les passants les plus observateurs auront remarqué, à quelques mètres en aval du pont des Arts, rive gauche, que l'un de ces fameux médaillons a malencontreusement été fixé à l'envers.

A en perdre le nord...

4- Aéronaute célèbre dans toute l'Europe, Sophie ARMANT (1778-1819) devait, comme le précise son épitaphe, *périr victime de son art et de son intrépidité*. De fait, elle fut victime d'un accident aérien qui allait lui être fatal lorsque son ballon...

*A- fut précipité au sol par une violente tempête*
*B- prit feu, atteint par un feu d'artifice*
*C- heurta le faîte d'un arbre avant de s'écraser*
*D- fut foudroyé en pleine ascension*

Sophie Armant, en ascension au dessus de Milan, le 15 août 1811, jour du 42$^e$ anniversaire de Napoléon.
Illust. droits réservés

## 4-B

1809. A la mort de son mari, lui même pionnier de l'aviation et premier aérostier professionnel, l'intrépide aéronaute reprit le flambeau.

Enfin, façon de parler. Sophie se spécialisa en effet dans les spectacles nocturnes qui faisaient sa fortune et l'admiration des foules dans toute l'Europe. Spectacles au cours desquels la jeune femme lançait du ciel des paniers pleins de feux d'artifice qui illuminaient la nuit...

Bonaparte lui-même est sous le charme. Il en fait sa favorite, puis la nomme *Aérostière des fêtes publiques*. La consécration. A la demande de l'Empereur, elle effectue une ascension sur le Champ de Mars, pour célébrer le mariage impérial avec Marie-Louise d'Autriche.

A la naissance du fils de Napoléon, c'est encore elle qui s'envole au dessus de Paris pour répandre des faire-part de naissance du Roi de Rome sur la ville.

Puis c'est la Restauration. L'engouement pour Sophie ne fléchit pas, au contraire. Elle obtient même les faveurs de Louis XVIII, qui lui accorde le titre d' *Aérostière officielle de la Restauration*.

Mais la véritable consécration, c'est auprès du public qu'elle la trouve, au cours de spectacles de plus en plus élaborés, de plus en plus périlleux, aussi. Devant ces milliers de Napolitains, de Bruxellois et de Parisiens dont le cœur s'enflamme en même temps que les feux d'artifice...

Jusqu'au jour où l'accident se produisit. Dans des jardins de Tivoli. Une branche heurte la nacelle et le dispositif pyrotechnique se décale d'un rien.

Sophie, qui salue la foule, ne s'en aperçoit pas.

Et cette fois, c'est le ballon qui s'enflamma.

5- Hubertine AUCLERT (1848-1914) fait partie de ces femmes - peu nombreuses et pour cause - qui marquèrent leur temps par leur engagement dans les affaires publiques. Sur sa tombe, fort simple, un médaillon immortalise ses traits. Et puis quelques mots, gravés dans le bronze. Juste quatre... Sibylline façon de rendre hommage à celle qui milita toute sa vie en faveur...

*A- de l'enseignement obligatoire et gratuit*
*B- du droit de vote pour les femmes*
*C- du droit au mariage des prêtres*
*D- d'une loi instituant l'indépendance financière des épouses*

Le visage décidé d'Hubertine Auclert. Détail de la sépulture. Illust. droits réservés

5-B.
Mesdames ! Désormais, lorsque vous glisserez votre bulletin dans l'urne (électorale, s'entend) ayez donc une pensée pour Hubertine Auclert, dont le nom n'est guère passé à la postérité, mais sans laquelle le droit de vote et d'éligibilité des femmes ne serait certainement pas ce qu'il est aujourd'hui.
Dès 1869, Hubertine quitte sa province et monte à Paris. Bientôt, c'est la chute de Napoléon III et l'avènement de la troisième République.
Les conditions sont propices à l'activisme des femmes qui exigent des changements dans le Code Napoléon et revendiquent le droit au divorce, à l'éducation, à l'indépendance économique…
C'est dans ce contexte qu'Hubertine va se distinguer.
En 1876, elle crée le premier groupe de suffragettes françaises, *Le droit des femmes*.
Quelques années plus tard, elle fonde un journal à teneur revendicative, *La Citoyenne* dans lequel elle plaide avec force en faveur de la libération féminine.
En 1883, elle fonde une société, *Le suffrage des femmes*, quatre mots que l'on peut lire encore aujourd'hui sur sa tombe.
Infatigable Hubertine, qui, âgée de soixante ans, trouve encore le courage de s'en aller défier les autorités en brisant une urne lors des élections municipales de Paris. Façon symbolique d'exprimer sa révolte.
Puis, deux années plus tard, elle remet ça en se portant candidate aux élections législatives, malgré la loi qui l'interdit…
Ce qu'on appelle avoir du culot.
A propos d'élections législatives… Les résultats de celles de 2007 sont édifiants. En dépit de la loi de 2000 sur la parité, l'Assemblée nationale n'a accueilli que 20% de femmes, plaçant la France au… $58^{ème}$ rang mondial en ce qui concerne la représentation féminine au Parlement.
Si Hubertine a ouvert la voie, il reste du chemin à parcourir…

# B comme...

Barbedienne, Bartholome, Bedoyère (de la), Bienvenüe, Bourdier, Branly, Brongniart

1- Fondeur de son état, Ferdinand BARBEDIENNE (1810-1892) repose pour l'éternité sous le regard de trois gracieuses jeunes filles en bronze dont la beauté et la nudité attirent l'attention. Pour autant, se souvient-on que l'homme fit preuve d'un courage et d'une générosité exemplaires lors du siège de Paris, en 1870 ? C'est en effet lui qui...

**A-** *fondit le bronze de ses ateliers pour couler des canons*
**B-** *recueillit les trois filles d'un ami mort au combat*
**C-** *mit toute sa fortune à la disposition des Communards*
**D-** *fit de son atelier un dépôt d'armes et de munitions*

Le buste de Ferdinand Barbedienne. Détail de la sépulture.
Illust. droits réservés

1-A.

L'artiste, qui avait commencé sa carrière dans l'industrie du papier peint, était ensuite passé maître dans l'art de fondre le bronze et de le travailler.

Il avait même mis au point une technique innovante, permettant de réaliser des reproductions miniatures des statues les plus célèbres.

Ainsi, quantité de chefs d'œuvres, exposés dans les plus illustres musées d'Europe, se trouvaient grâce à lui à la portée du plus grand nombre, destinés à orner les intérieurs modernes de la bourgeoisie.

Une démocratisation de l'art avant la lettre, en quelque sorte.

Mais, nécessité faisant loi, Ferdinand dut s'adapter, mettant son savoir-faire et son précieux métal au service des Communards.

Quand la Vénus de Milo cède la place au canon...

Trois gracieuses jeunes filles en bronze veillent sur la tombe de Barbedienne.
Illust. droits réservés

2- Paul-Albert BARTHOLOME (1848-1928) est l'auteur du magnifique monument aux morts qui capte l'attention dès le franchissement de la porte principale du cimetière. Reste que le promeneur ignore le plus souvent que ce monument, dont l'accès est interdit au public, abrite…

*A- une grande partie des archives du cimetière*
*B- le matériel des jardiniers et des fossoyeurs*
*C- les restes recueillis dans les sépultures relevées*
*D- le départ d'un tunnel rejoignant l'extérieur du cimetière*

L'imposant monument aux morts de Bartholome.
Illust. droits réservés.

2-C.
Tellement visible, ce Monument aux morts, que, lors de son inauguration, en 1900, la foule fut partagée entre admiration et indignation...
Admiration pour la splendeur de l'œuvre et l'intensité émotionnelle qui s'en dégage, indignation devant la nudité - jugée choquante - de ce couple central, debout, sur le point de franchir le seuil de la porte noire qui les attend.
Et qui, elle, ne dégage aucune émotion, aucune impatience.
Véritable chef d'œuvre de réalisme et de pathétisme que cette sculpture monumentale qui met en scène des femmes et des hommes de tous âges, se traînant vers leur destination définitive, en proie à un indicible effroi.
Certains, visage dans les mains, ont déjà un genou à terre. Sinon les deux. Ils sont résignés.
D'autres, les larmes dans les yeux, se retournent pour saluer une ultime fois cette vie terrestre qu'ils ont chérie et qu'ils abandonnent. Ou qui les abandonne.
Et puis il y a cet homme, qui pose un dernier baiser sur la joue de sa jeune femme qui le précède d'un pas. D'un tout petit pas.
Et celui-ci, là, sur la droite, qui semble vouloir y croire encore et qui, refusant l'inéluctable, s'agrippe des deux mains au mur qui encadre la funeste porte...
Et cet enfant, qui ne comprend pas...
Et ce vieillard, qui a tout compris...
Devant cette insoutenable scène où chaque mortel se reconnaît, le sang se fige...
L'intérieur du monument, vaste et profond de plusieurs étages, est occupé par des boîtes en bois blanc, de différentes tailles et provenant de tous les cimetières parisiens. C'est l'ossuaire de la ville de Paris. Sont rassemblés ici les restes des défunts dont les tombes ont été relevées à échéance de la concession ou faute d'entretien par les descendants.
Quant à Paul-Albert, il repose à quelques pas de son monument, sur la droite, sous un gisant de pierre à l'antique, ses outils à ses pieds.

3- Sur la tombe du colonel Charles de la BEDOYERE (1786-1815), un magnifique bas-relief représente Napoléon Bonaparte acclamé par une foule de militaires en liesse… Pas sûr que tous les promeneurs se souviennent que l'œuvre ainsi gravée dans la pierre immortalise...

*A- le départ de Bonaparte pour la Campagne de Russie*
*B- l'un des épisodes les plus marquants du « Vol de l'Aigle »*
*C- le triomphe de Napoléon après la bataille d'Austerlitz*
*D- l'enthousiasme des soldats devant l'Empereur tout juste sacré*

Le très réaliste bas relief sur la sépulture
de Charles de la Bedoyère.
Illust. droits réservés

3- B.

Mars 1815, retour de l'île d'Elbe.

Fermement décidé à reprendre le pouvoir, Napoléon remonte vers Paris et fait halte à Grenoble.

Inquiet, Louis XVIII dépêche le colonel Charles de la Bedoyère à la rencontre de *l'Usurpateur*, avec pour mission d'arrêter coûte que coûte ce *vol de l'Aigle*, qui, selon le mot de Napoléon lui-même, doit le porter *de clocher en clocher jusqu'aux tours de Notre Dame*...

Sauf que de la Bedoyère cache des sentiments bonapartistes... Et si le face-à-face a bien lieu, il n'entraîne ni confrontation ni arrestation, bien au contraire! La rencontre se déroule dans l'enthousiasme et l'allégresse générale, le colonel et ses hommes faisant publiquement allégeance à l'Empereur...

Acte de bravoure ou de haute trahison? A chacun de se faire une idée...

Toujours est-il que la fin de l'histoire, belle et pathétique, mérite d'être contée...

Car de la Bedoyère sait ce qu'il en coûte d'enfreindre les ordres du roi... S'il est pris, c'est le peloton d'exécution...

Alors, il s'enfuit vers Rouen. De là, il embarquera, c'est sûr, pour l'Amérique. D'ailleurs, un ami lui a procuré un visa. Le reste de la famille suivra plus tard. Tout se présente pour le mieux.

Mais à Rouen, léger contretemps... Le bateau attendu ne partira que dans une semaine...

Un mal pour un bien, pense t-il. Juste le temps de retourner à Paris et d'embrasser femme et enfant, ce nouveau-né qu'il n'a guère eu le loisir de choyer.

Funeste erreur de jugement.

Reconnu sur le chemin, il est arrêté, sommairement jugé, condamné pour haute trahison et exécuté. Le tout en quelques jours.

La Restauration de Louis XVIII a besoin d'exemples. De la Bedoyère en sera un.

Il n'aura embrassé ni sa bien-aimée, ni son enfant. Pas plus qu'il n'aura vu l'Amérique.

Sur la partie supérieure de la tombe, un autre bas-relief, poignant, représente sa jeune épouse, éplorée, et un nourrisson, leur fils.
Et ces quelques mots: *Seul l'amour de mon fils a pû* (sic) *me retenir à la vie.*
Mais le destin est cruel. Et le fils devait disparaître avant sa mère...
D'où ces paroles qu'elle fit rajouter, le jour où elle joignit le corps de son fils à celui de son époux: *Et c'est lui qui m'a précédée...*
Pathétique, on vous le disait.

La veuve de la Bedoyère
avec son nourrisson.
Détail de la sépulture.
Illust. droits réservés

4- Aux confins du cimetière, la sépulture de Fulgence BIENVENÜE (1852-1936) n'est certainement pas l'une des plus visitées. Et pourtant, des milliers de Parisiens, sans s'en douter, rendent quotidiennement hommage à cet ingénieur...

*A- en empruntant les passages couverts de la rive droite*
*B- en traversant certains des ponts de la capitale*
*C- en empruntant le métro*
*D- en prenant le train à la gare Montparnasse*

Fulgence Bienvenüe, vers 1900.
Illust. droits réservés.

4- C.

La tombe ne présente aucune originalité, perdue au milieu de dizaines d'autres, toutes aussi semblables dans leur consternante banalité. Mais en s'approchant, l'œil est immanquablement attiré par une myriade de minuscules taches de couleur... On s'approche encore... Des fleurs ? Non. Des timbres, peut-être ? Pas plus. Ce sont des dizaines de tickets rectangulaires, frappés du logo coloré de la RATP ainsi qu'un plan du métropolitain. Un peu jaunis, certes, mais régulièrement renouvelés par d'anonymes admirateurs. Fichés sous une palme de bronze, ces témoignages de reconnaissance sont là pour rappeler aux Parisiens que c'est bien à Fulgence qu'ils doivent l'essentiel de leurs déplacements quotidiens dans la capitale.
Et qu'ils sont toujours les bienvenus dans les sous-sols de Paris.

Le père du métro parisien, devant la station de métro Monceau.
Illust. droits réservés.

5- Sur la tombe de Pierre BOURDIER (1895-1923), un buste du jeune homme médaillé, un dessin à la Jules Verne, et, pour toute explication, un mot, énigmatique, en caractères d'imprimerie: DIXMUDE, qui évoque...

***A*** - *le premier avion à hélice qui traversa la Méditerranée*
***B*** - *un prototype de sous-marin militaire*
***C*** - *une machine à vapeur sur rails destinée au déplacement des canons sur les fronts*
***D*** - *un ballon dirigeable capable de transporter 50 hommes*

Le buste médaillé du jeune capitaine Pierre Bourdier en uniforme.
Illust. droits réservés.

5-D.
Du jeune capitaine Bourdier, on ne sait pas grand-chose, sinon qu'il faisait partie de l'équipage embarqué à bord de ce dirigeable qui devait s'abîmer en mer à l'aube du 21 décembre 1923 au large de la Sicile.
Retour en arrière. Au soir de la première guerre mondiale, l'Allemagne, au titre de dommages de guerre, livre à la France trois dirigeables de type *Zeppelin*.
L'usage qui pourra être fait de ces appareils n'est pas encore bien défini. Transport de troupes ? De matériels ? Prises de vues aériennes ? Surveillance de la frontière ? Et puis, il faut songer à former les hommes qui auront la tâche de piloter et d'entretenir ces engins d'un genre nouveau. Enfin, il faut prévoir l'infrastructure et des hangars assez vastes pour accueillir les encombrants appareils et les mettre à l'abri des intempéries, des sabotages et des curieux.
En juillet 1920, le troisième dirigeable, immatriculé LZ 114, est livré à Maubeuge. 226 mètres de long, 28 de haut, 24 de diamètre. Et 30 tonnes, propulsées par sept moteurs de 260 chevaux chacun... Excusez du peu.
Il a été baptisé Dixmude, en hommage aux fusiliers marins morts en défendant la ville belge du même nom lors des sanglants affrontements de la bataille de l'Yser, pendant la Grande Guerre.
Après remise en état, les essais peuvent commencer.
Timides, dans un premier temps, au dessus de la base de Cuers, près de Toulon, où le Dixmude a trouvé asile.
Au fil des essais, les vols deviennent plus ambitieux, plus longs, plus élaborés. Ce sera d'abord la Corse, puis l'Afrique du nord, avec un survol d'Alger et de Tunis.
Tout ceci est fort prometteur. L'équipage se familiarise avec le maniement de l'appareil et l'on commence à entrevoir tous les usages qui pourront en être faits.
Septembre 1923. Le Dixmude décolle de Cuers, traverse la Méditerranée, survole Alger puis Bizerte, fait demi-tour, remonte vers le nord, passe au dessus de Lyon, pousse jusqu'à Paris avant de rejoindre sa base méridionale.
118 heures de vol pour 9000 kilomètres parcourus. Records de distance et de durée battus. Cette fois, on maîtrise parfaitement les opérations et l'engin n'a plus de secret pour l'équipage. On débouche le champagne.

Le 18 décembre de la même année, malgré le froid et le risque d'intempéries, on décide d'effectuer un vol qui sera le dernier de la saison.
La météo est favorable et les hommes fin prêts. On traverse la Méditerranée, Bizerte est en vue. Rien à signaler.
Le 19, on survole Ouargla puis on prend la direction d'Alger. La routine.
Le lendemain, le Dixmude traverse une violente tempête du côté de Biskra. Les réserves de carburant diminuent sérieusement. Il faut renoncer à pousser plus avant et décision est prise de rentrer.
Le 21 décembre, Alger capte un message, sibyllin : *Orage*. Puis un deuxième, à 2h08 : *Rentrons antenne cause orage*. Ce sera le dernier message émis par le Dixmude.
Pendant six jours, aucun signe de vie de l'appareil ni de l'équipage. Le lendemain de Noël, des pêcheurs siciliens remontent dans leurs filets le corps d'un jeune homme. C'est le commandant de l'appareil.
Sa montre est arrêtée à 2h27. Et avec elle l'aventure du Dixmude.
Et aussi la courte de vie de Pierre Bourdier.

6- Une pyramide blanche, tout en hauteur, coiffée d'une sphère, elle-même surmontée d'une croix. Ainsi se présente la sépulture d'Edouard BRANLY (1844-1940). Comme pour signifier que la foi domine le monde... Et puis une épitaphe, sobre pour ne pas dire austère, est là pour rappeler au passant distrait que, de par le monde, nous sommes des centaines de millions à lui rendre quotidiennement hommage en...

*A- allumant un poste de radio*
*B- manipulant une télécommande*
*C- appuyant sur un interrupteur*
*D- utilisant un autocuiseur*

Edouard Branly, en 1904.
Illust. droits réservés.

6- B.
Demandez à des Parisiens de vous dire ce qu'évoque pour eux le nom de Branly...
Ils vous parleront tous, et sans hésitation, d'un quai qui porte ce nom, quelque part du côté de la Tour Eiffel. Les plus audacieux citeront un musée, voulu et inauguré par un récent Président de la République...
Soit. Mais quid de l'homme? Certes, Branly n'est pas entré dans la postérité par son caractère mutin ou primesautier. On est là devant la sépulture d'un grand savant, qui, comme le veut son époque, est un travailleur, opiniâtre, et un rien austère.
Il faut dire que ses recherches, qui allaient avoir une retombée universelle, n'ont rien de rigolo. Car il s'agit de percer le mystère des ondes... Rien de moins.
Oh, ils sont légion à y travailler, de par la planète. Entre l'Italien Marconi, l'Américain Edison, le Serbe Telsa, le Russe Popov et l'Allemand Hertz, les contributions dans le domaine ne manquent pas. L'émulation scientifique non plus.
Mais c'est notre Edouard national qui, le premier, découvrit le principe de la radio-conduction et celui de la télémécanique. Cocorico.
Faisons simple: Dans une pièce, un dispositif permet de faire éclater des étincelles. Bien.
Dans une autre, séparée de la première par plusieurs mètres et quelques murs, un circuit électrique ouvert. Le courant ne passe donc pas. D'accord.
Maintenant, l'expérience. On fait éclater l'étincelle dans la première pièce et, dans l'instant, le circuit électrique se ferme dans l'autre pièce. Et le courant passe. Les aiguilles des appareils installés s'affolent, la lampe, s'il y en a une, s'allume, etc.
Magique. En fait, ce sont les ondes provoquées par l'éclatement de l'étincelle qui se propagent dans l'air et qui vont fermer le circuit électrique et permettre au courant de passer. Ça paraît simple, pour ne pas dire lumineux. Encore fallait-il y penser.
Toujours est-il que la découverte allait donner lieu à des exploitations considérables.
Car c'est selon le principe expliqué ci-dessus que fonctionne toutes nos télécommandes d'aujourd'hui.
Mais sans étincelle.

7- Sur la tombe - magnifiquement entretenue - d'Alexandre BRONGNIART (1739-1813), un élégant médaillon rappelle que l'homme fut l'architecte de la Bourse de Paris, le Palais qui porte son nom. Mais se souvient-on pourquoi l'homme est si étroitement lié au cimetière du Père Lachaise ?

*A- Il est l'auteur de la chapelle Greffulhe, l'une des plus anciennes du cimetière*
*B- Conscient de l'encombrement des cimetières parisiens, il milita ardemment pour l'ouverture de la nécropole*
*C- Il est à l'origine de la loi règlementant la hauteur des monuments du Père Lachaise*
*D- C'est lui qui dessina les plans de la plus ancienne partie du cimetière*

Détail de la sépulture d'Alexandre Brongniard représentant le palais qui porte son nom.
Illust. droits réservés.

7-D.
La tombe est en effet très fleurie.
A faire pâlir de jalousie les voisins immédiats, qui sont pourtant nombreux et illustres, dans cette 11$^e$ division. Il faut dire que la sépulture jouit du rare privilège d'être entretenue par la ville de Paris.
Et elle lui doit bien ça, la Capitale! Car c'est bien grâce à Brongniart que l'on peut tout à loisir goûter à la sinuosité bucolique des sentiers de la partie dite romantique du cimetière.
Loin, très loin du palais Brongniart et du CAC 40...

# C comme...

Caillebotte, Chamans, Champion, Champollion, Chappe, Clairon (la), Clément

1- Si tout un chacun connaît le peintre, le collectionneur et le mécène éclairé que fut Gustave **CAILLEBOTTE** (1848-1894), certains ont peut-être oublié que l'artiste, qui avait plus d'une corde à son arc, était également féru...

*A- de philatélie*
*B- d'horticulture*
*C- d'architecture navale*
*D- de calligraphie chinoise*

Le regard décidé du peintre Gustave Caillebotte
illust. droits réservés.

1-A B et C.

S'il est dit que l'argent ne fait pas le bonheur, il peut parfois aider à réaliser les rêves les plus insensés.

Encore faut-il avoir du talent et du cœur. Gustave ne manquait ni de l'un ni de l'autre.

Issu d'une riche famille d'industriels, il hérite en 1874 de la propriété familiale et d'une importante fortune. Gustave a vingt-six ans et il sait ce qu'il veut.

Cette fortune, c'est à la peinture qu'il la consacrera. Admis à l'école des Beaux Arts, il se met à peindre, rompant avec les techniques et les thèmes alors à la mode. Les personnages qu'il représente dans les rues de Paris ou à la campagne semblent habités par l'ennui et une infinie solitude, indifférents les uns aux autres.

Le succès se fait attendre. Pas les critiques.

Sans compter que ces perspectives tronquées, cette absence d'horizon, ces premiers plans qui semblent écraser les compositions ne sont pas du goût de tous.

Son tableau *Les raboteurs de parquet* est même jugé indigne d'être exposé au Salon de 1875. Aujourd'hui, c'est l'une des toiles les plus admirées du musée d'Orsay.

Sa fortune, Caillebotte va aussi la mettre au service de ses amis peintres, de plus modeste condition. Les Renoir, Degas, Manet, Cézanne et autres Monet ou Pissarro... En mécène éclairé et collectionneur avisé, il finance l'organisation d'expositions impressionnistes et achète, très généreusement, nombre de leurs tableaux. Et leur met ainsi le pied à l'étrier.

Bientôt, sa passion pour les collections dépasse le cadre de la peinture. Gustave se pique de philatélie. Tant et si bien qu'avec quelques autres, il crée en 1875, la *Société française de Timbrologie*.

L'homme aux mille facettes va encore montrer de nouvelles dispositions et de nouveaux talents. Très lié avec Manet, il fréquente Giverny, ses étangs, ses nénuphars, ses paysages bucoliques. Là, il est pris de passion pour l'horticulture, allant jusqu'à créer de nouvelles espèces d'orchidées...

La peinture mène à beaucoup de choses, nul n'en doutait. On savait moins qu'elle menait aussi au yachting.

En 1881, Caillebotte s'installe à Gennevilliers, où il rachète un chantier naval et participe à des régates, cherchant toujours à améliorer les performances de ses bateaux.

Mieux, il construit des prototypes de voiliers et apporte des innovations majeures dans le domaine de l'architecture navale, à priori bien éloigné du monde des pinceaux, des palettes et des couleurs. Les voiles en soie, le lest extérieur, la coque hydrodynamique, lui permettront de remporter plusieurs titres internationaux…

On allait oublier de rappeler que Caillebotte avait commencé par des études juridiques.

Comme quoi, le droit lui aussi mène à tout.

Pas forcément en ligne droite.

2- Sur le monument dédié à Antoine Marie CHAMANS, Comte de Lavallette (1769-1830), un saisissant haut relief, très explicite, nous en dit long sur un épisode majeur de la vie de cet homme... Arrêté, emprisonné à la Conciergerie et condamné à mort, l'élégant Comte trouva un habile moyen de sortir de la prison sans être inquiété. En effet…

*A- après avoir drogué le geôlier, il sortit avec les clefs de ce dernier*
*B- profitant d'une visite familiale, il revêtit les vêtements de sa femme*
*C- simulant une crise de folie, il s'évada lors de son transfert à l'hôpital*
*D- il assomma son compagnon de cellule et se fit passer pour lui*

Timbre de 1954 à l'effigie du comte de Lavalette, directeur des postes du I$^e$ empire puis des cent jours.
Illust. droits réservés.

2- B.

Voici déjà plusieurs mois qu'Antoine Marie Chamans, Comte de Lavallette, croupit au fond de sa cellule.

Il est accusé d'avoir correspondu avec l'Empereur Napoléon $I^{er}$ en prévision de son évasion de l'ile d'Elbe et de son retour sur le continent. Et aussi d'avoir pris part à la conspiration du 20 mars 1815, en reprenant sans mandat ses fonctions de Directeur Général des Postes, fonctions qu'il exerçait sous le premier Empire.

Pour ces accusations, il a été jugé et condamné à la peine capitale. Toutes les demandes de grâce sont restées lettre morte, toutes les interventions ont été vaines.

Derrière les barreaux, le Comte attend la sentence. Plus rien à espérer.

A voir...

C'est maintenant l'heure du dernier adieu et de l'ultime visite familiale.

Heureusement, Antoine Marie a tout étudié. Minutieusement et dans les moindres détails.

La famille est là, au grand complet. La servante aussi, est là, histoire de faire plus vrai. Le Comte presse sa femme d'ôter son manteau, qu'il enfile prestement. Manifestement, la dame est dépassée par les événements.

La servante, un doigt sur les lèvres, les invite au silence.

- Palsambleu ! Dépêchez-vous, que diable...

La jeune fille, elle, fait le guet, derrière les barreaux.

- Par la Très Sainte Vierge, dit-elle en substance, Père, hâtez-vous! J'ouis déjà les pas de ces vilains...

Habile et audacieux stratagème, qui permit à Monsieur le Comte de sortir de prison, déguisé en femme, au nez et à la barbe de ses geôliers qui n'en sont toujours pas revenus.

Et de s'en aller couler des jours meilleurs en Bavière, en attendant la grâce qui lui permettra de rentrer en France en 1822.

Ah! Un mot sur Madame: La supercherie découverte, la dévouée femme fut tout aussitôt embastillée, sans ménagement, en lieu et place de son facétieux époux.

Devenue folle, elle finit par être libérée et retrouver Monsieur le Comte.

Quand on aime...

Le comte de Lavallette revêtant les habits de sa femme. Détail de la sépulture.
Illust. droits réservés.

3- S'il est bien un personnage attachant entre tous dans le cimetière, c'est bien celui d'Edmé CHAMPION (1766-1852), mieux connu sous son surnom de Petit Manteau Bleu. Personnalité hors norme, il força l'admiration et le respect de tous ses contemporains car...

*A- médecin habile et désintéressé, il soignait gratuitement les indigents*
*B- élu député de Paris, il instaura un service de soupe populaire*
*C- orphelin et pauvre, il allait faire fortune dans le commerce des pierres précieuses*
*D- immensément riche, il passa sa vie à venir en aide aux déshérités*

Edmé Champion, drapé dans son petit manteau bleu.
Illust. droits réservés.

3- C et D.

Edifiante histoire que celle de ce modeste gamin qui, à force de labeur, allait accumuler une fortune considérable pour la mettre au service de ses concitoyens les plus démunis.

Fils d'un humble flotteur de bois sur l'Yonne, le jeune Edmé se retrouve orphelin à l'âge de sept ans. Bien sûr, il ne sait pas encore ce qu'il veut. Mais il sait ce dont il ne veut plus, la misère.

Et c'est précisément sur l'un de ces trains de bois qui naviguent vers la Capitale qu'il s'embarque. Clandestinement et sans un sou en poche. Recueilli par une vieille femme qui demeure rue Tiquetonne, il doit à la charité de ses voisins le privilège d'aller à l'école où il ne tarde pas à se faire remarquer pour son intelligence et sa bonté. Il saura s'en souvenir.

Puis il entre comme apprenti chez un bijoutier. Son habileté et son ardeur au travail ont tôt fait de le consacrer comme le meilleur ouvrier de son maître. Un maître qu'il remplace le plus naturellement du monde quelques années plus tard.

Mais bientôt, c'est la Révolution, la Terreur... La période est peu propice au négoce des bijoux. Edmé ne se décourage pas et laisse passer l'orage. Des heures sombres, il en a vu d'autres.

L'avènement du Directoire lui donne raison. Avec la prospérité retrouvée, les affaires reprennent. Mieux, elles sont florissantes, et Monsieur Champion commence à se faire un nom.

Le Consulat puis l'Empire ne seront pas moins fastes. Maintenant, c'est au Palais Royal que Monsieur Champion tient commerce. Il a cinquante trois ans et il est millionnaire. Fin du premier acte.

C'est à cette époque qu'Edmé Champion va se forger une figure de légende, devenant pour tous le Petit Manteau Bleu.

Fortune faite, Monsieur Champion vend son commerce, marie ses enfants et va consacrer le reste de son existence à venir en aide aux nécessiteux.

Comme une revanche sur la vie. Comme l'acquittement d'une dette, aussi, celle qu'il doit à la charité de ses anciens voisins de la rue Tiquetonne...

Il vit toujours très humblement, Monsieur Champion. Un modeste garni, un seul repas par jour, et un petit manteau bleu qui ne le quitte pas... Et chaque matin, à l'aube, de s'en aller à la chasse à la détresse. En toute discrétion, en toute pudeur. Il assiste les pauvres, leur trouve du travail, ôte le verre de la main des ivrognes. Il visite

les prisons, aide les repentants, intercède en leur faveur auprès du roi, se fait l'avocat des indigents. Il se rend aussi dans les hôpitaux, prend en charge les frais d'inhumation des miséreux, vient en aide aux veuves et orphelins…
Autant de bienfaits qui lui valurent la Croix de la Légion d'honneur. Chapeau bas.
Mais la plus grande preuve de sa popularité, c'est sur cette affiche électorale de mars 1848 qu'on la trouve. Elle enjoint les citoyens de Paris à porter leurs suffrages sur Edmé Champion, *cet homme charitable qui, depuis quarante ans, dépense au profit de ceux qui souffrent une fortune que son travail seul lui a acquise*. Sans avoir jamais été candidat, il recueillera plus de 40 000 voix.
Edmé Champion, un Abbé Pierre laïque, en somme.

4- Père de l'Egyptologie et linguiste de génie, Jean-François CHAMPOLLION (1790-1832) découvrit en 1821 le système permettant de déchiffrer les hiéroglyphes. Comme il se doit, il repose désormais sous un monument d'inspiration égyptienne, c'est à dire...

*A- d'une pyramide, sur laquelle un bas relief le représente en compagnie de Napoléon*
*B- d'un obélisque, où seuls figurent son nom et son surnom « le jeune »*
*C- d'un sphinx recouvert de hiéroglyphes et de cartouches égyptiens*
*D- d'une reproduction de la pierre de Rosette qui lui permit de faire sa découverte*

L'égyptologue Jean-François Champollion.
Illust. droits réservés.

4- B.

Bien loin de la bucolique Rosette et des méandres du Nil, l'obélisque - d'une verticalité fort douteuse - est un bien modeste hommage rendu à ce grand savant qui fit parler tant de poissons, d'ibis, de crocodiles, de hiboux et de serpents... Faune bigarrée et bruyante, joyeuse et indisciplinée, qui sans lui aurait gardé des secrets voués à l'éternité.

C'est dès 1805, à l'âge de 15 ans que Jean-François se prend de passion pour les hiéroglyphes égyptiens, passion qui n'allait cesser de l'habiter toute sa vie.

Grâce à son frère, il se procure une copie des inscriptions énigmatiques figurant sur une modeste dalle découverte dans une paisible ville du nord du delta. La pierre de Rosette.

Les choses sérieuses peuvent commencer... Le texte y est écrit dans deux langues... et trois écritures: hiéroglyphes, démotique et grec. Les recherches se poursuivent.

Et les questions s'accumulent, toujours sans réponse, toujours plus énigmatiques.

Ces ibis, ces crocodiles, ces faucons, ces têtards, sont-ils des idéogrammes ou des phonogrammes?

Et ces oies, ces papyrus, ces hippopotames, ces chats... des sons ou des représentations du réel? Et ces groupes de signes, là, disposés verticalement et entourés par une curieuse ligne oblongue? Pour sûr, leur agencement leur donne une signification particulière... Laquelle ?

Et le savant de recouper, d'examiner, de comparer, de classer, d'inventorier... Tâche ingrate et mal récompensée.

Ce sont les cartouches royaux, de Ptolémée V et de Cléopâtre, entre autres, qui lui apportent enfin la solution.

Les mystérieux dessins sont et l'un et l'autre. A la fois idées et sons. Incroyable !

En 1824, Champollion publie son *Précis du système hiéroglyphique des anciens égyptiens*, ouvrage qui ouvre au monde les portes de l'égyptologie scientifique moderne.

Et à Jean-François celles du panthéon des grands savants un peu oubliés.

5- La tombe de Claude CHAPPE (1763-1805), faite en pierre de Volvic, est surmontée d'une reproduction miniature qui rappelle l'invention dont il fut le père, à savoir...

*A- la draisienne, lointaine ancêtre du vélo*
*B- le gramophone, prototype des lecteurs de CD et autres MP3 d'aujourd'hui*
*C- la machine à multiplier et à diviser, arrière grand-mère de la calculatrice*
*D- le sémaphore, précurseur de la télégraphie sans fil*

L'inventeur Claude Chappe.
Illust. droits réservés.

5- D.

Au début, il s'agit pour l'inventif Claude de mettre au point un système lui permettant de communiquer avec des camarades, résidant non loin de chez lui.

La chose est simple mais astucieuse et efficace : Deux bras, verticaux mais mobiles, connectés par une traverse horizontale. Le tout placé sur une hauteur, bien visible. Et cela fonctionne. Les positions des bras et de la traverse déterminent le contenu du message. Aidé de ses frères, Claude, conscient de l'intérêt et de l'enjeu de sa découverte, améliore le dispositif et lui donne un nom : Télégraphe, de deux mots grecs, *télé*, loin, et *graphein* écrire...

Devant l'improbable échafaudage, les sceptiques ironisent... mais l'installation de la première ligne, en 1793, allait justifier l'abnégation de l'inventeur.

Période riche en événements, faut-il le rappeler. Le dispositif est au point: sept positions pour chacun des bras verticaux, quatre pour la traverse horizontale, soit un total de cent quatre-vingt seize positions différentes, chacune porteuse de précieux messages. On installe quinze stations-relais entre Paris et Lille, disposées sur des collines, avec mission de transmettre les informations du front.

Bien sûr, la nuit, le dispositif est inopérant. Par temps de brouillard, l'information passe mal.

Mais c'est quand même par ce biais que, le 1$^{er}$ septembre 1794, le peuple de Paris apprit que les armées françaises avaient remporté une victoire décisive sur les Autrichiens, à Condé sur l'Escaut. Moins d'une heure après la bataille. Chapeau.

Le système Chappe connut un immense succès.

Il fut copié dans de nombreux pays européens et mis en pratique par Napoléon lui-même, pour coordonner ses armées.

Las, miné par une dépression due aux accusations et aux critiques de ses rivaux, le génial inventeur finit par se suicider.

En se jetant dans un puits.

6- A l'instar de Mesdemoiselles George, Rachel, Mars ou Raucourt, Claire-Hippolyte de La Tude, allias La CLAIRON (1723-1803) allait connaître la gloire des plus prestigieuses scènes, à commencer par celle de la Comédie française où elle débuta en 1743. On peut toutefois craindre que la tragédienne ne goûte jamais au repos éternel car…

*A- lors de son exhumation sa tombe apparut vide*
*B- sa sépulture est régulièrement profanée*
*C- elle fut victime d'un sort jeté par l'un de ses amants*
*D- le prêtre lui refusa les derniers sacrements*

Le profil de La Clairon.
Détail de la sépulture.
Illust. droits réservés.

6- C.
Dans ses mémoires, Melle Raucourt, sa rivale, rapporte :
« *La Clairon avait repoussé les vœux de M. de S..., fils d'un armateur breton, quoiqu'elle lui eût accordé son amitié. Cette passion malheureuse le conduisit au tombeau. Il souhaita la voir dans ses derniers moments, ce qu'elle refusa. Quand le jeune homme apprit qu'elle ne viendrait pas, il s'écria avec désespoir :*
*- La barbare ! Elle n'y gagnera rien ! Je la poursuivrai après ma mort autant que je l'ai poursuivie durant ma vie !*
Depuis lors, Melle Clairon entendit chaque soir un cri aigu... un cri qui partait toujours de dessous les fenêtres et ne paraissait sortir que du vague de l'air...
Tout cessa au bout de deux ans et demi, mais la Clairon s'en souvint avec effroi en son heure dernière... »
Coquette un jour, possédée toujours.

7- Jean-Baptiste CLEMENT (1836-1903) est l'auteur d'un succès musical dont la mélodie et les paroles sont gravées dans (presque) toutes les mémoires... La chanson, intitulée *Le temps des cerises*, commémore...

**A**- *la prise de la Bastille (juillet 1789)*
**B**- *les Trois Glorieuses (Mars 1830)*
**C**- *la résistance de Belfort à l'armée prussienne (1870)*
**D**- *la Commune (1871)*

Jean Baptiste Clément, photographié par Nadar, en 1900.
Illust. droits réservés.

7- D.
Que les plus jeunes nous pardonnent cet instant de nostalgie républicaine...

*Quand nous chanterons le temps des cerises...*
*Et gai rossignol et merle moqueur, seront tous en fête.*
*Les belles auront la folie en tête,*
*Et les amoureux du soleil au cœur...*
*Quand nous chanterons le temps des cerises,*
*Sifflera bien mieux le merle moqueur*

*Quand vous en serez au temps des cerises,*
*Si vous avez peur des chagrins d'amour*
*Évitez les belles !*
*Moi qui ne crains pas les peines cruelles*
*Je ne vivrai pas sans souffrir un jour...*
*Quand vous en serez au temps des cerises,*
*Vous aurez aussi des chagrins d'amour !*

Des paroles un rien désuètes mais emplies d'espoir, de joie et de tendresse... Des paroles chantées par Charles Trenet, Yves Montand, Barbara Hendricks, entre autres.
Curieux destin, que celui de cette chanson: intimement liée à la tragédie de la Commune, elle fut composée... dix ans avant! Et ce n'est donc qu'après coup que Clément la dédia à Louise, une ambulancière héroïque qui ravitailla les insurgés lors de la semaine sanglante...
Quand la chanson vient retoucher l'histoire.

# D comme...

Daladier, Dodu, Duncan

1- Edouard DALADIER (1884-1970). Sa tombe, d'une grande discrétion, n'évoque guère le rôle et l'importance de cet homme qui traversa une époque confuse. Celui que l'on surnommait le *Taureau du Vaucluse* et qui fut contraint à la démission après les émeutes du 6 février 1934 avait-il occupé les fonctions de Ministre...

*A- des Colonies sous le gouvernement d'Edouard Herriot*
*B- de la Guerre sous le gouvernement de Paul Painlevé*
*C- de l'Instruction Publique et des Beaux Arts sous le gouvernement d'Aristide Briand*
*D- des Travaux Publics sous le gouvernement de Camille Chantemps*

Edouard Daladier signant les accords de Munich, en 1938.
Illust. droits réservés.

Eh oui ! Et la liste des fonctions occupées par Daladier est loin d'être close. Maire de Carpentras puis d'Avignon, Député du Vaucluse, Président du Parti Radical, Ministre de la Défense Nationale, Président du Conseil, même, de 1933 à 1934...

D'une abnégation sans égale, le fils de boulanger de Carpentras avait exercé toutes ces responsabilités, n'ayant pour autre ambition que celle de servir la patrie.

En 1938, poussé par la Grande Bretagne de Chamberlain, il signe à contre cœur les accords de Munich, accords qui abandonnent à l'Allemagne une partie de la Tchécoslovaquie, sans autre concession allemande que de vagues promesses de paix.

Persuadé d'être hué à sa descente d'avion, il est au contraire acclamé, à sa grande surprise, pour avoir sauvé la paix. *Ah, les cons ! S'ils savaient...* se serait-il alors exclamé...

Le 3 septembre 1939, il déclare néanmoins la guerre à l'Allemagne en raison de l'invasion de la Pologne par les troupes allemandes, et engage une politique anticommuniste en mettant hors la loi le Parti communiste et en interdisant la parution de *l'Humanité*.

En juin 1936, il participe activement au rassemblement des gauches, permettant l'alliance entre le P.C., la S.F.I.O. et les Radicaux. Et c'est la victoire que l'on sait. Le Front Populaire, les 40 heures de travail hebdomadaires, la semaine de congés payés...

Août 1940, il est arrêté et jugé par le gouvernement de Vichy. Incarcéré pendant trois ans, il est ensuite placé en résidence surveillée.

Après la guerre, il retrouve son mandat de député et se fait élire maire d'Avignon, en 1953. Enfin, il préside le Rassemblement des gauches républicaines en 1957, puis quitte toutes ses fonctions l'année suivante.

Un parcours d'une rare densité, que celui de Daladier, qui n'a pourtant laissé son nom à aucune rue ni place, ni station de métro parisiennes.

Ingrate postérité.

2- Héroïne de la guerre de 1870, Juliette DODU (1848-1909) vécut les affres de l'occupation prussienne, avant de connaître tous les hommages de la République reconnaissante. A ce titre, elle fut la première femme décorée de la légion d'honneur, puis la seule à recevoir la médaille militaire. On s'incline. Mais se souvient-on de l'acte de résistance qui lui valut de tels honneurs ?

*A- Déguisée en militaire, elle participa activement aux combats les plus violents*
*B- Infirmière improvisée, elle se rendit sur le front pour soigner les blessés*
*C- Se faisant passer pour une servante sourde et muette, elle put écouter les conversations échangées dans le quartier général des Prussiens*
*D- Elle élabora un système permettant d'intercepter les communications ennemies*

Juliette Dodu, arborant fièrement ses médailles.
Illust. droits réservés.

2-D.
1864. Fraîchement débarquée de sa Réunion natale, Madame Dodu se fait employer comme Directrice du bureau télégraphique de Pithiviers.

Veuve, elle est accompagnée de sa fille Juliette, âgée de 16 ans. Survient la guerre de 1870. Les Prussiens envahissent la ville et investissent le bureau des télégraphes. Mère, fille et servante sont consignées dans leur appartement, à l'étage.

Mais Juliette est ingénieuse. Forte des connaissances techniques acquises auprès de sa mère, la jeune fille bricole une dérivation, sur le fil qui passe dans sa chambre... Et munie de l'appareil récepteur qu'elle a eu soin de conserver, elle intercepte toutes les transmissions qu'émettent ou reçoivent les occupants.

Secrètement, elle les fait parvenir aux autorités françaises... C'est ainsi que Juliette sauva la vie des 40 000 soldats du Général Aurelles de Paladines.

Le montage découvert, les Prussiens traduisirent Juliette devant la Cour Martiale, qui la condamna à mort... Fort heureusement, l'armistice fut signé avant son exécution. La jeune héroïne fut alors graciée, puis libérée, et enfin couverte d'honneurs et de médailles... L'histoire est belle, tout le monde en conviendra. Mais ne serait-elle pas... trop belle ?

Dans son ouvrage *Les beaux mensonges de l'histoire*, Guy Breton, enquête bouclée, conclut à la mystification et affirme qu'il s'agit là d'une fable montée de toutes pièces... Dame !

Curieux, en effet, que le Général de Paladines, Commandant en chef des armées de la Loire, ne fasse nulle part mention de l'héroïque sauvetage de son armée...

Curieux, aussi, de constater que M. Steenackens, Directeur des postes et télégraphes à l'époque ne fasse aucune allusion à cet acte de bravoure, lui qui consignait scrupuleusement tous les actes de résistance de ses employés...

Plus étrange encore de voir que le lieutenant-colonel Rousset, auteur d'une respectable *Histoire de la guerre franco-allemande, 1870-1871* n'évoque même pas le fait - pourtant digne d'être souligné - alors que le livre fourmille d'innombrables détails sur l'épaisseur de la neige ou l'état du ciel...

Et puis, il y a ces incohérences... Pourquoi attendre sept ans avant de rendre public un comportement exemplaire qui eût mérité une publicité immédiate?

Et puis, comment se procurer les codes secrets de l'ennemi que personne ne connaissait à Pithiviers ?

Ah, j'oubliais... Les Prussiens avaient évacué Pithiviers trois semaines avant les faits relatés...

Ou frelatés.

3- A l'orée du XX$^e$ siècle, une danseuse, inconnue en Europe, débarquait des Etats Unis pour chercher fortune sur le vieux continent. Elle s'appelait Isadora DUNCAN (1877-1929). Par son caractère et sa personnalité, elle allait révolutionner l'art de la danse. Et aussi beaucoup faire parler d'elle, tant pour son talent que pour ses comportements, jugés contraires aux bonnes mœurs de l'époque. On lui reprocha en effet d'avoir...

*A- épousé un homme de couleur, de vingt ans son cadet*
*B- conçu des enfants hors mariage*
*C- fait la promotion du communisme lors de ses spectacles*
*D- dansé presque nue*

L'élégante Isadora Duncan photographiée par Paul Berger, vers 1900.
Illust. droits réservés.

3- B, C et D

S'il est des destins qui s'apparentent à des contes de fées, celui d'Isadora Duncan (1877-1929) n'est pas de ceux-là.
On est plutôt ici dans le registre du mélodrame. Issue d'une famille pauvre, de parents divorcés, Isadora vit avec sa mère, professeur de musique, et ses trois frères et sœurs, dans une petite ville non loin de San Francisco.
Son caractère indépendant et rebelle à tout conformisme lui fait quitter l'école de bonne heure. Et pour aider à subvenir aux besoins de la famille, elle s'emploie à donner des cours de danse aux enfants du quartier.
1899, Isadora quitte l'Amérique pour se rendre à Londres, puis à Paris. En totale rupture avec les pratiques traditionnelles de la danse, elle innove, créant un style bien à elle, fondé sur l'improvisation, l'émotion, la place du corps dans la chorégraphie. Elle va même choquer les âmes bien nées en s'exhibant pratiquement nue, avec un voile transparent pour seul costume. Le triomphe est immédiat.
Isadora va de succès en succès, multiplie les voyages, les tournées, les amants.
Belle revanche sur la vie. Les années noires ne sont plus qu'un lointain souvenir. Au faîte de la gloire, elle inspire de nombreux artistes et écrivains dans leurs créations artistiques. Sculptures, bijoux, photographies, romans, aquarelles... Le monde de la mode et de l'art n'a d'yeux que pour la belle Américaine.
Et puis il y a ces deux enfants, nés hors mariage et de pères différents. Deirdre, l'aînée et Patrick, qui lui donnent tant de satisfaction et de joie.
Mais, le 19 avril 1913, le destin s'acharne à nouveau. De retour d'une excursion avec leur nourrice, alors qu'Isadora est restée à la maison, la voiture s'emballe sur un quai parisien et plonge dans la Seine. Les deux enfants, âgés de sept et trois ans périssent noyés...
Isadora est anéantie. Elle cherche un peu de réconfort auprès de ses amies et au cours de séjours à Deauville, à Corfou, en Toscane... Petit à petit, elle reprend goût à la vie.
En 1922, pour montrer son attachement à l'expérience politique de la nouvelle Union Soviétique, elle n'hésite pas, au cours de spectacles donnés aux Etats Unis, à brandir une écharpe rouge et à clamer devant son public son adhésion au communisme.

Franchissant un pas supplémentaire, elle s'installe à Moscou où elle épouse un poète russe, de dix-huit ans son cadet, Serguëï Essenine. Mais l'union fera long feu. Alcoolique et violent, Serguëï est de plus en plus fréquemment en proie à d'irrépressibles crises de démence. Elle le quitte pour retourner à Paris.
Toujours ce destin...
Un an plus tard, Essenine met fin à ses jours, dans des circonstances jamais clairement élucidées...
14 septembre 1927. La cinquantaine, tout juste. L'âge, pour une danseuse, de prendre un peu de recul et de goûter un repos bien mérité.
Ce qu'elle fait, au soleil de la côte d'azur, les épaules toujours couvertes d'un de ces voiles vaporeux qui ont fait sa gloire. Un ami lui propose une balade, en voiture. Une Amilcar GC décapotable flambant neuve.
Isadora s'installe, la voiture démarre, prend de la vitesse... Le long voile qu'Isadora a noué autour de son cou flotte au vent. Le ciel est bleu et la vue magnifique. Mais le voile va se prendre dans les rayons de la roue arrière... Isadora meurt sur le coup. Rideau.
Les cendres d'Isadora Duncan reposent dans une case du columbarium, juste sous celles de Deirdre et de Patrick.

# comme...

## Encausse, Enfantin

1- Si la sépulture de Gérard ENCAUSSE (1865-1916) ne présente guère d'intérêt, la vie du personnage, elle, ne manque ni d'originalité ni de piquant. Aujourd'hui, nombreux sont encore ses admirateurs qui viennent parfois de fort loin pour rendre hommage à cet homme qui est définitivement entré à la postérité pour avoir été…

*A- l'inventeur du jeu de Tarot « à la française »*
*B- une grande figure de l'occultisme dans le monde*
*C- le premier médecin à soigner les malades par l'hypnose*
*D- l'astronome-voyant personnel du Tsar Nicolas II*

L'œil sévère de l'ineffable Gérard Encausse, dit Papus.
Illust. droits réservés.

1-B et D.
Pas facile de classer le personnage. Il faut dire que l'homme est tout à la fois mage, médecin, voyant, hypnotiseur, magnétiseur. Et qu'il aime s'entourer de mystère...

A commencer par ce surnom de Papus, qu'il s'en va dénicher dans le Nuctéméron, étrange ouvrage rédigé en Grec par un certain Apollonius de Tyane, prédicateur et thaumaturge du premier siècle de l'ère chrétienne. Papus y est présenté comme le génie immatériel de la Science et de la Guérison. Soit.

Toute sa vie, Encausse poursuivra, avec un zèle jamais démenti, le but qu'il s'est fixé : combattre le scientisme de son époque et promouvoir les valeurs de l'ésotérisme occidental. Tout un programme. Pour ce faire, il va multiplier ses liens avec diverses organisations initiatiques, gnostiques, théosophiques, plus énigmatiques les unes que les autres.

Et pour vulgariser et diffuser les résultats de ses savantes recherches, il écrit, Papus. Et pas qu'un peu. 160 ouvrages, almanachs, revues, articles...

D'où ce surnom (un de plus) de *Balzac de l'occultisme*. Mais la comparaison s'arrête là. Car ses ouvrages sont faits de bric et de broc, accumulant des citations et des gravures recueillies un peu partout, sans véritable cohérence...

Et pour ceux qui n'auraient pas tout compris, il donne des conférences, Papus. Dans un cercle qu'il nomme sans rire *Faculté Libre des Sciences Hermétiques.*

Hermétique, c'est bien le mot. Il y est question de Kabbale, d'alchimie, de Tarot... Et puis, il fonde l'Ordre Martiniste, courant de pensée ésotérique dont on vous épargne la philosophie et qui connaîtra quelque succès ici ou là.

Cette vie étrange mais féconde amènera Papus à rencontrer quelques-uns des grands de ce monde. Comme le Tsar de Russie, Nicolas II, confronté à de graves troubles sociaux, qui lui demande conseil à l'automne 1905.

Papus ne se démonte pas. Quelques formules magiques, et hop, le voici qui s'entretient à distance avec l'esprit d'Alexandre III soi-même, qui préconise la répression des émeutes et annonce une révolution de grande envergure. Et notre homme de préciser au Tsar que cette révolution n'éclaterait pas de son vivant. On n'est jamais trop prudent.

Officiellement, Papus est décédé des suites d'une tuberculose pulmonaire contractée pendant la guerre. D'aucuns prétendent qu'il aurait été envoûté. Le mystère, toujours…

Et puis son enterrement. Au moment où le cercueil de Papus sort de l'église, une main d'ange se détache d'une sculpture de la façade et vient se poser sur la bière.

Mystérieux jusqu'au bout, Papus.

Un livre ouvert sur sa tombe résume la philosophie de Papus.
Illust. droits réservés

2- A la fois philosophe, entrepreneur, économiste, diplomate et écrivain, Prosper ENFANTIN (1796-1864) devait connaître une vie d'une rare intensité, multipliant les voyages, les projets et les rencontres avec les grands hommes de son temps. Mais ce que l'on retiendra d'abord du personnage, c'est qu'il…

*A- défendit avant tout autre l'idée de percer le canal de Suez*
*B- fut l'un des principaux promoteurs du Saint-Simonisme*
*C- participa à la défense de Paris assiégé par les armées prussiennes*
*D- contribua activement à la création de la ligne ferroviaire Paris-Lyon -Marseille*

Le visage un rien goguenard de Prosper Enfantin au Père Lachaise.
Illust. droits réservés.

2-A,B,C et D.
Un cas, l'ami Prosper.
Car c'est peu dire que l'homme était doté d'un esprit fécond et d'un cerveau en permanente ébullition.
Brillant élève de l'Ecole Polytechnique, c'est là qu'il fait ses premières armes.
1814. L'Empire est sur le déclin, trois armées ennemies cherchent à envahir la capitale. Aux commandes d'une batterie de vingt-huit canons, il participe avec ses camarades de promotion à la défense de la barrière du Trône, puis, bataille perdue, s'en va à pied rejoindre Fontainebleau et ce qui reste de l'armée impériale.
Mais, faute de moyens et de bourse d'étude, il faut quitter l'Ecole. Il trouve rapidement un emploi auprès d'un cousin, important négociant en vin. Pour les besoins du négoce, Prosper voyage beaucoup. Aux Pays-Bas, en Allemagne, en Suisse, en Russie, même, où il séjourne de 1821 à 1823.
De retour à Paris, c'est le grand tournant de sa vie. Un ancien camarade de classe lui fait rencontrer Saint-Simon, alors très malade, quelques semaines seulement avant sa disparition.
Séduit par la pensée saint-simonienne, Enfantin, dès lors, n'aura de cesse de promouvoir cette philosophie. Tant et si bien qu'il en devient l'incarnation même, pour ne pas dire le gourou. Car, initialement d'obédience humaniste, le saint-simonisme va bientôt, sous son influence, prendre un caractère sectaire et parfois burlesque.
Jamais à court d'idées, Prosper.
Idées quelquefois avant-gardistes, parfois civilisatrices, souvent loufoques... Mais sans véritable fil conducteur. Pour lui, il s'agit tout-à-trac de promouvoir la création d'un Etat juif, d'interdire le principe de l'héritage en France, d'œuvrer à l'émancipation des femmes en prônant la liberté sexuelle, de règlementer la colonisation en Algérie, de modifier les fondements économiques de la société, d'établir une ligne de chemin de fer entre Paris et Marseille, de percer le canal de Suez... Haut les cœurs !
Reste que, sur ces deux derniers points, au moins... force est de reconnaître qu'Enfantin avait vu juste. Et bien avant les autres.
Car on oublie un peu vite que c'est Prosper Enfantin qui, le premier, parvint à persuader le Vice-roi égyptien Mehemet Ali du

bien-fondé d'une folle entreprise: percer un canal de navigation reliant la Méditerranée à la mer Rouge...

Et si le trajet Paris-Marseille en TGV n'est plus aujourd'hui qu'une formalité, sachons là aussi nous souvenir que c'est le même Enfantin qui fut l'instigateur et l'ardent promoteur de cette ligne ferroviaire.

Quant à la colonisation de l'Algérie et la création d'un Etat juif, c'est encore une autre histoire. Et pour ce qui est de la liberté sexuelle de la gent féminine, on vous laisse juge.

Visionnaire, Prosper ? C'est en tout cas ce que semble dire cette citation de l'intéressé, gravée sur sa tombe, sous un buste chevelu mais d'une verticalité toute relative :

*L'âge d'or n'est pas dans le passé, il est dans l'avenir.*

On laissera le dernier mot à Victor Hugo qui, dans une lettre adressée à Enfantin, lui déclare, admiratif:

*Vous êtes un des voyants de la vie universelle.*

Si Victor le dit...

# F comme

Foottit, Foulquier, Frochot

1- Bien des amateurs de cirque ont gardé en mémoire le nom de George FOOTTIT (1864-1921), clown dont les pitreries allaient enchanter des milliers d'enfants. Ses dialogues avec ses partenaires allaient populariser une expression imagée...

**A**- *être rond comme une bille*
**B**- *chercher midi à quatorze heures*
**C**- *ne pas avoir les yeux en face des trous*
**D**- *être chocolat*

Affiche de cirque du début du XX$^e$ siècle.
Illust. droits réservés.

1-D.

On a pu regretter de voir des cirques sans fauves, d'autres sans magiciens ou sans acrobates, voire sans orchestre. Mais a-t-on jamais vu cirque sans clown? Jamais!

Car le clown est au cirque ce que la pleine lune est à la nuit. Comme ce Pierrot à visage de lune qui tourne autour de la piste comme l'astre autour de la terre. Sans eux, point de magie, point de spectacle. Et la liste est longue, de ces saltimbanques aux costumes bariolés, aux chaussures trop grandes, aux perruques excentriques. Les Zavatta, Fratellini, Karandache, Grock... Ou encore les Pipo, les Rastelli, les Zippo...

Tous enfants de la balle, tous venus des quatre coins du monde, animés par la seule passion de faire rire jeunes et moins jeunes. Car on ne devient pas clown, on naît clown.

Et notre Foottit, me direz-vous ? Et bien, lui aussi fait partie de la famille. Lui aussi, il est né sur une piste de sciure. C'est même là qu'il va apprendre à lire, c'est là qu'il va apprendre à vivre. Au son des cymbales et des tambours.

Il va courir les plus grands chapiteaux de son époque, Foottit. Avec un succès jamais démenti. Que son nom soit placardé sur les affiches qui annoncent le spectacle, et le succès est assuré. Qu'on se le dise, ce soir, Foottit est en piste... Et l'on jouera à guichets fermés.

Mais la consécration, c'est au cirque Médrano, qu'il la trouve, en 1886. Médrano, le *cirque des clowns*. Médrano où il va faire équipe avec un partenaire cubain totalement inconnu, un certain Rafael Padilla, vite surnommé Chocolat. Toute une époque...

On se partage les rôles. A Foottit celui du clown blanc, autoritaire, intrigant et maladroit, à Chocolat celui de l'Auguste noir, souffre-douleur mais bon et loyal.

Pendant vingt ans, leur numéro va faire fureur, jusqu'à s'imposer sur la scène si convoitée des Folies Bergère, au début du siècle dernier. Les pitreries, les acrobaties, les rodomontades et les répliques se succèdent, pour le plus grand bonheur du public.

Et, cent fois tourné en bourrique par son intraitable partenaire, Chocolat de s'exclamer : *Je suis chocolat !*, que tous comprendront comme *je suis berné*. D'où l'expression, aujourd'hui un rien désuète.

Dis, Foottit, tu me le prêtes, ton nez de clown...

2- Valentin FOULQUIER (1822-1896). Un visage moustachu, un béret basque, une écharpe, une cape jetée sur l'épaule... et aussi une impressionnante énumération de noms... ceux des plus célèbres auteurs français.
Mais qui était donc ce personnage aujourd'hui oublié de la plupart des passants?

*A- Un ministre de l'instruction publique de la III$^e$ République*
*B- Un peintre-graveur-illustrateur*
*C- Le relieur personnel de Louis XVIII*
*D- L'acteur préféré de Napoléon III*

Vue de dos, la sépulture de Valentin Foulquier exhibe fièrement une liste de noms peu banale. Illust. droits réservés.

2-B.

La 72$^e$ division du Père Lachaise n'est certainement pas la plus courue. Il faut dire qu'elle se trouve dans un secteur excentré du cimetière et que les personnages ici inhumés ne figurent pas au catalogue de ces célébrités qui déplacent les foules. Cette relative désaffection est regrettable car le promeneur attentif pourra débusquer là mille détails à même d'étancher sa curiosité.

Comme cette stèle, bien mise en valeur, où il découvrira un inventaire de noms plus illustres les uns que les autres. Jugez plutôt: Bossuet, Boileau, Molière, Corneille, La Fontaine, La Bruyère, Fénelon, Michelet, Stendhal… Impressionnant !

Sans doute, les illustrations de Valentin Foulquier auront-elles contribué sinon au succès, du moins à la popularisation des œuvres de ces prestigieux porte-drapeaux de notre culture… Et cette contribution est minutieusement détaillée au dos du monument, face au visiteur. Reste que le buste altier de notre artiste est orienté vers l'extérieur du cimetière, ce qui est fâcheux... On en oublierait les traits de l'homme, sa moustache, son écharpe, son béret... et ce serait dommage.

La même sépulture,
vue de face.
Illust. droits réservés.

3- Dans la catégorie des hommes politiques, voici Nicolas FROCHOT (1761-1828), député des Etats généraux, puis Préfet de la Seine. Mais se souvient-on pourquoi son nom est-il si étroitement lié au Père Lachaise ?

***A****- Il fit procéder à l'acquisition des terrains qui allaient être aménagés en cimetière*
***B****- Frochot fut la première personnalité politique à être inhumée ici*
***C****- C'était l'ancien propriétaire de la colline*
***D****- C'est lui qui proposa le nom qui fut donné au cimetière*

Nicolas Frochot, premier Préfet de la Seine.
Illust. droits réservés.

3-A.

C'est le 22 mars 1800 que Napoléon Bonaparte, alors Premier Consul, nomme Nicolas Frochot Préfet de la Seine. Ce sera le premier à occuper cette prestigieuse fonction.

Et c'est à ce titre que le haut fonctionnaire allait prendre de nombreuses initiatives à caractère social, s'employant à réformer le fonctionnement des hôpitaux, des prisons ou encore le service des enfants abandonnés.

C'est encore Frochot qui apportera d'importants aménagements de la voirie, mettant notamment en place une utile numérotation des immeubles. Sous la houlette de Napoléon, c'est enfin lui qui fait tracer nombre de rues, de voies et de ponts dans la capitale.

Reconnaissante capitale qui s'en souvient et qui lui a dédié une rue et une avenue.

Mais si le nom de Frochot est indissociable de celui du cimetière, c'est parce que c'est lui, en sa qualité de Préfet, qui fit l'acquisition de terrains alors hors des limites de Paris, pour faire aménager quatre de nos cimetières parisiens : Passy, Montmartre, Montparnasse et bien sûr le Père Lachaise, jusque là propriété des Jésuites.

Il faut dire que les conditions d'inhumation à l'intérieur de Paris étaient devenues insupportables. Face à l'insalubrité, aux maladies, aux nuisances en tout genre et aux plaintes des riverains, il fallait agir. Et d'urgence.

C'est ainsi que le 21 mai 1804 fut inauguré le *Cimetière de l'Est*, vite rebaptisé par les Parisiens du nom de ce père jésuite qui aimait tant venir sur cette colline, loin de Paris, goûter au repos et à la méditation. C'était le Père François d'Aix de la Chaise, par ailleurs confesseur particulier du Roi Soleil, devenu pour tous le Père Lachaise.

Mort en 1709, près d'un siècle avant l'ouverture de la nécropole, il ne se douta jamais du sort posthume de son nom.

# G comme...

## Gall, Gay-Lussac, Gramme

1- Médecin et professeur allemand, Franz GALL (1758-1828) est passé à la postérité pour des recherches qui allaient susciter bien des controverses. Il devait en effet développer puis mettre en pratique une théorie bien particulière consistant à…

***A****- déceler les facultés mentales en fonction des bosses du crâne*
***B****- définir à l'avance le sexe de l'enfant d'après la forme du ventre de la mère*
***C****- soigner par des asticots les plaies infectées*
***D****- procéder à des opérations chirurgicales sous hypnose*

Le très controversé docteur Franz Gall.
Illust. droits réservés.

1-A.

Aussitôt ses études de médecine terminées, Franz consacre son énergie et son temps à élucider les mystères du cerveau humain. Vaste programme.

Il en arrive ainsi à développer une théorie selon laquelle le cerveau se constitue de différentes zones qui correspondent chacune à une faculté mentale particulière.

Dans les dîners en ville, ses collègues praticiens de l'époque se gaussent. L'Eglise catholique, elle, ne rit pas. Elle condamne. Vouloir soumettre le cerveau à quelque spéculation matérielle est à la fois inacceptable sur le plan de l'éthique, et erroné sur celui de la physiologie. Fermez le ban.

La suite prouvera qu'elle avait tort et le Docteur Paul Broca, bien plus tard, établira clairement les liens entre certaines facultés langagières et la localisation cérébrale. La découverte de notre homme mérite donc le respect.

Mais Gall ne compte pas en rester là et poursuit ses recherches, qui prennent un caractère, disons… plus farfelu. Ainsi, constatant que ses élèves les plus brillants ont les yeux plus protubérants que la moyenne, il en conclut que les déformations à la surface du crâne sont dues à la pression des *organes* du cerveau liés à telle ou telle faculté mentale. Autrement dit, plus la faculté considérée est développée, plus la bosse est proéminente. CQFD.

A sa découverte, qu'il prétend établir en discipline, il donne même un nom, la crâniologie. Ça ne s'invente pas. Au Musée de l'homme à Paris on peut aujourd'hui encore observer des crânes témoignant de l'engouement du XIXe siècle pour cette théorie.

On y voit des étiquettes apposées sur certaines aires cérébrales et sur lesquelles on peut lire par exemple *Besoin inné d'être bon*, *Amour du lucre*, *Tendance à la foi*, *Charitable et miséricordieux* etc.

La théorie connut un certain succès mais ne fit pas que des admirateurs…

Bonaparte, par exemple, qui affirme depuis son lointain exil de Sainte Hélène :

*Voyez l'imbécillité de Gall. Il attribue à certaines bosses des penchants et des crimes qui ne sont pas dans la nature, qui ne viennent que de la société et de la convention des hommes : que devient la bosse du vol s'il n'y avait point de propriétés?*

*La bosse de l'ivrognerie s'il n'existait point de liqueurs fermentées ? Celle de l'ambition, s'il n'existait pas de société ?...*
Une chose est sûre, c'est que Franz a perdu la tête.
Depuis qu'une intempérie ou qu'un indélicat a décapité son buste dont il ne reste que le socle, orné de schémas illustrant ses savantes recherches.
L'histoire ne dit pas si Franz avait aussi découvert la bosse des maths.

Le buste décapité de Franz Gall,
orné de savantes illustrations.
Détail de la sépulture.
Illust. droits réservés

2- Louis Joseph GAY-LUSSAC (1778-1850). La tombe de notre homme, assez discrète, n'attire guère les foules. Sans doute parce que les promeneurs qui passent dans le secteur sont plutôt là pour rendre hommage à Molière et à la Fontaine, tout proches, et plus illustres. Sans doute aussi car l'on a un peu perdu de vue que Gay-Lussac fut un immense scientifique. Et qu'il consacra toute sa vie à des travaux sur…

*A- les métaux semi-conducteurs*
*B- la mise au point des premières montgolfières*
*C- le moteur thermique*
*D- la dilatation des gaz*

Louis Joseph Gay Lussac, autre grand savant largement oublié de nos contemporains.
Illust. droits réservés.

2-D.

Gay-Lussac… Un nom qui fleure bon le Quartier Latin… et les gaz lacrymogènes.

Eh bien, ça ne pouvait pas mieux tomber ! Car ce sont bien ses recherches et ses découvertes sur les gaz qui valurent à Louis Joseph ses innombrables décorations et des couronnes de lauriers que lui tissèrent les plus grandes sociétés savantes de son époque. Jugez plutôt : Grand officier de la Légion d'Honneur, Président de l'Académie des Sciences, Commandeur du mérite de Prusse, Chevalier de l'Etoile Polaire de Suède… Et c'est le Roi Louis Philippe I$^{er}$ qui, en personne, le nomma Pair de France en 1839.

Respecté par les hommes de science et admiré par les grands de ce monde, Louis Joseph allait aussi connaître une reconnaissance plus populaire, lui qui par trois fois fut élu député de Limoges.

Il faut dire que l'homme n'avait pas ménagé sa peine.

Chercheur insatiable et travailleur acharné, il allait découvrir les lois volumétriques qui portent aujourd'hui son nom, perfectionner le baromètre à mercure, étudier les variations du magnétisme dans l'atmosphère et contribuer à percer les mystères de la constitution du potassium, du sodium, du chlore…

Sans oublier la publication et, bien sûr, l'enseignement, qui le mènera de la naissante Ecole Polytechnique à la prestigieuse chaire de physique de la Faculté de Paris. Et toujours avec le même succès.

A la demande du gouvernement soucieux de taxer les boissons alcoolisées, c'est encore lui qui définira une méthode fiable de mesure de l'alcool dans les boissons…

Et c'est en 1802 qu'il faisait une découverte majeure qui allait lui ouvrir les portes de la postérité et dont les implications sur la chimie moderne allaient se révéler considérables : la loi de dilatation des gaz…

On l'aura compris, Louis Joseph n'aura pas usurpé tous ses titres de gloire et de prestige…

Mais la consécration ultime, c'est en levant les yeux vers le premier étage de la Tour Eiffel qu'on la trouvera…

La Tour Eiffel où s'étale fièrement, en majuscules et en lettres d'or le nom de GAY LUSSAC, à côté des soixante et onze autres patronymes des grands scientifiques, ingénieurs et industriels qui ont honoré la France de 1789 à 1889.

Et en levant les yeux plus haut encore, les soirs de pleine lune, on pourra peut-être apercevoir ce cratère lunaire que les savants ont baptisé du nom de Gay-Lussac en hommage à ses travaux…
Gay-Lussac, ou comment être dans la lune en gardant les pieds sur terre.

3- La magnifique statue funéraire de Zénobe GRAMME (1826-1901), représente le savant belge, assis, en hauteur, à l'ombre des arbres, contemplant fièrement l'invention qu'il tient dans la main et dont il fut le père en 1871.
Personne n'aura oublié qu'il s'agit...

*A- d'une balance dite à double fléau*
*B- d'un poste TSF*
*C- d'un générateur de courant continu*
*D- d'une pile électrique*

L'inventeur belge Zénobe Gramme.
Illust. droits réservés

3-C.
C'est en 1868 que le génial bricoleur, par ailleurs ébéniste dans l'entreprise Christofle, conçut sa première dynamo industrielle. L'invention allait de suite revêtir le plus grand intérêt pour la célèbre orfèvrerie, en permettant, par électrolyse, de déposer une fine couche d'argent sur des couverts en laiton. Intéressant. Puis les applications de la découverte allaient se multiplier et se généraliser. En supplantant les machines à vapeur dans les ateliers, l'invention de Gramme allait révolutionner la science et constituer le véritable point de départ de l'industrie électrique moderne. Pensez! Transformer de l'énergie mécanique en une énergie électrique et faire ainsi fonctionner toutes sortes d'engins... Et l'invention allait donner lieu à des usages aussi nombreux qu'insoupçonnés, tel ce petit boîtier, fixé sur la roue arrière des vélos, et qui a éclairé la voie de tant de vélocipédistes.
Bien avant les autres, Zénobe était au courant.

Gramme en haut de son piédestal de bronze, sa dynamo à la main.
Illust. droits réservés.

# H comme...

## Hahnemann, Hoff, Houssaye

1- Chimiste, traducteur, écrivain, Samuel HAHNEMANN (1755-1843) était d'abord et avant tout médecin. Et comme le rappelle l'épitaphe que l'on peut lire sous son buste, il fut l'auteur d'une découverte qui devait le faire entrer dans l'histoire de la médecine. C'était...

*A*- *l'aspirine*
*B*- *la pénicilline*
*C*- *l'homéopathie*
*D*- *la phytothérapie (médecine par les plantes)*

Le docteur Samuel Hahnemann à sa table de travail, vers 1800.
Illust. droits réservés.

1-C.
*Il y a moins de honte à ne pas savoir une chose qu'à refuser de l'apprendre.* Citation de Hahnemann que l'on s'attendrait à lire sur l'imposant édifice sous lequel il repose, à côté de celle, moins lyrique et plus sobre, rappelant que c'est à lui que l'on doit l'homéopathie.
Car c'est bien le désir d'apprendre, encore et toujours, qui marque la vie de ce médecin allemand, méconnu de son vivant, oublié depuis sa mort. Apprendre les langues, d'abord. Le Grec et le Latin, comme il se doit. Puis l'Italien, le Français, l'Anglais, auxquels il se consacre avec passion et opiniâtreté, et qu'il maîtrise bientôt avec autant d'aisance que sa langue maternelle.
Apprendre la médecine, aussi, et puis la pharmacopée, discipline exercée alors de façon bien trop empirique, pense t-il.
Une jeunesse austère, somme toute, faite de livres et de dictionnaires, à Meissen, dans le royaume de la Saxe. Au grand dam de son père, humble peintre sur porcelaine, qui avait pour lui bien d'autres ambitions.
C'est précisément en combinant ses compétences de linguiste et celles de médecin qu'il commence à gagner sa vie, grâce à des cours de langues et des traductions en allemand d'ouvrages de physiologie et de médecine.
Il cherche sa voie, Samuel, lui, le touche à tout, partagé entre le désir de toujours approfondir ses connaissances et la nécessité de subvenir à ses besoins immédiats. Tantôt, il délaisse totalement la pratique médicale *qui me coûte plus que ce qu'elle me rapporte* dit-il, pour se consacrer à la traduction, plus rémunératrice. Et aussi à la publication de travaux sur les maladies vénériennes, les calculs biliaires, l'arsenic, la fermentation du vin, etc.
Tantôt, c'est le contraire. Les patients sont si nombreux qu'il ne trouve ni le temps d'écrire, ni celui de manger... Instabilité vagabonde qui le conduira dans de nombreuses villes d'Allemagne, où il exercera comme traducteur, écrivain, chimiste, médecin, pharmacien... Avec un succès variable.
Hahnemann poursuit sans relâche recherches et expérimentations. Sur des malades comme sur des personnes saines.
Et c'est en 1796 qu'il fit une découverte qui allait le faire entrer à la postérité : Reprenant à son compte le *principe de similitude* énoncé par Hippocrate au cinquième siècle avant notre ère, il

prouve que l'on peut soigner un malade en lui administrant des doses infinitésimales de la même substance que celle qui a causé les troubles qu'il présente.

Reproduit sur la tombe, un bref extrait de *l'Organon*, l'ouvrage majeur de Hahnemann résume ainsi les choses : *Traitez les malades par des remèdes produisant des symptômes semblables à leurs maladies.*

La découverte fit grand bruit dans le monde médical et ce nouveau type de thérapie ne tarda pas à être adopté par de nombreux médecins de par le monde.

L'homéopathie était née.

**2-** *France, souviens-toi...* Trois mots d'une émouvante simplicité tracés par la plume appliquée d'une fillette alsacienne sur le socle de la statue du Sergent Ignace HOFF (1836-1902), héros de la guerre de 1870, 23 fois cité dans l'ordre de l'armée... Quel acte de bravoure lui valut-il ces honneurs ?

**A**- *Il mit hors d'état de nuire 19 prussiens en une seule journée*
**B**- *Il se proposa prisonnier en échange de la libération de son supérieur*
**C**- *Malgré ses multiples blessures, il refusa de quitter le front*
**D**- *Chirurgien de circonstance, il utilisa son canif pour amputer la jambe de son sergent chef*

La main en visière, le sergent Hoff scrute l'horizon et attend l'ennemi de pied ferme.
Illust. droits réservés.

## 2-A.

Pas sûr que la France d'aujourd'hui entende encore cette invocation, gravée dans le marbre par la petite alsacienne. *France, souviens-toi...*

Trois mots ressurgis d'un autre âge, comme pour inviter le passant un peu distrait à s'arrêter et à respecter le devoir de mémoire. Il faut dire que l'attitude d'Ignace, dit le Sergent Hoff, ne manque pas de panache. Sur sa sépulture, d'abord. On l'y voit, main droite en visière, scrutant le front où font rage les combats contre l'armée prussienne. Et le sculpteur Bartholdi n'a négligé aucun détail pour restituer la scène. Tout y est. La redingote, la casquette, avec son numéro de matricule, le révolver fiché dans la ceinture, l'étui à jumelles sur le côté droit, les bottes, le fusil à main gauche, crosse posée au le sol. Et puis l'épée, bien sûr, cachée par les larges pans de la redingote, eux-mêmes retournés et boutonnés derrière le vêtement pour ne pas entraver la marche...

Mais c'est aussi le personnage, qui mérite l'attention. Personnage fait de ruse et de courage... Au plus fort des combats, bravant le feu ennemi, il se rue vers le front, tuant ou blessant dix-neuf agresseurs, acte d'héroïsme qui lui valut la reconnaissance de la République.

De même, lors de la bataille de Champigny, sachant sa tête mise à prix par l'état major prussien, il arrache ses galons et se fond dans la masse pour cacher son identité. Une fois le traité de paix signé, Ignace est incorporé à l'armée versaillaise. Et puis ce fut la Commune. Blessé dans l'attaque d'une barricade, il est un temps arrêté, accusé d'espionnage.

Mais les Parisiens ont de la mémoire. La mémoire de cette guerre au cours de laquelle le soldat s'est illustré par son attitude héroïque et patriotique. Et c'est ainsi que le Sergent Hoff finira sa carrière comme gardien-chef de l'arc de triomphe.

Et c'est à lui que reviendra l'honneur de veiller le catafalque de Victor Hugo lors de ses obsèques.

Il est des fins de carrière moins prestigieuses.

3- Administrateur général de la Comédie française, président de la Société des gens de lettres, fondateur de nombreuses revues, Arsène HOUSSAYE (1814-1896) est en outre l'auteur de bon nombre de pièces de théâtre, de romans, d'essais historiques ou encore de poèmes... Lors de son inhumation, Emile Zola salua la mémoire du grand homme de lettres en le qualifiant de...

*A- l'un des plus grands esprits de ce siècle vieillissant*
*B- l'un des derniers grands chênes de la forêt romantique*
*C- l'une des plus belles plumes qu'il m'ait été donné de lire*
*D- l'un des plus habiles jongleurs de rimes et de mots*

Caricature d'Arsène Houssaye, par André Gill.
Illust droits réservés.

3-B.
Bel hommage - et de quelqu'un qui connaît son sujet - pour ce jeune provincial, monté à Paris pour y vivre une vie de bohème. C'est là qu'il se lie d'amitié avec Théophile Gautier, Gérard de Nerval, Jules Janin, entre autres, tous collaborateurs de la revue *L'artiste*, dont il devient le directeur en 1843.
Maintenant, c'est lui qui accueille de jeunes écrivains anonymes, en quête, sinon de gloire, du moins de reconnaissance publique et de moyens de subsistance. Théodore de Banville, Charles Monselet, Charles Baudelaire sont au nombre de ceux qui firent ainsi auprès d'Arsène leurs premières armes et leurs premières preuves de littérateurs.
Plus tard, nommé administrateur de la Comédie française, il y fait jouer les pièces de Hugo, Musset, Dumas père... Houssaye ne fit jamais partie des 40 immortels, et ne chercha d'ailleurs jamais à intégrer l'Académie.
Est-ce pour cette raison qu'il écrivit une *histoire du $41^e$ fauteuil de l'Académie française* ? Il y passe en revue tous les grands écrivains qui n'ont jamais appartenu à l'illustre académie et imagine leurs discours de réception. Ces Descartes, Rousseau, Molière, Balzac, Zola, Nerval, Flaubert, Diderot ou Proust, interdits eux aussi d'épée, de costume vert et de fauteuil d'académicien.
Dérision ou rancœur ?
Les gens de lettres jugent leurs pairs comme ils l'entendent. C'est leur droit et qui plus est, leur devoir.
Mais au-delà du quai Conti, la mémoire veille.

# I Comme...

## Ingres, Isouard

1- Elève du grand David, Dominique INGRES (1780-1867) restera dans l'histoire de l'art comme l'un des maîtres de la peinture néo-classique, illustrant comme nul autre le détail des fresques historiques, les portraits d'hommes célèbres et la rondeur des nus féminins... Très bien, mais d'où vient donc cette expression de *violon d'Ingres* qui lui est associée?

*A- Dans son célèbre tableau Le Bain turc, la femme au premier plan tient dans ses bras un instrument de musique oriental apparenté au violon*
*B- Passionné de musique, il s'adonna un temps à la pratique de cet instrument*
*C- Violon n'est autre chose que l'anagramme de VOINOL, nom de jeune fille de Madeleine qu'il devait épouser en 1813*
*D- Connaissant son goût pour la musique, l'Empereur lui fit offrir un stradivarius spécialement fabriqué à son intention*

Le buste peu avenant de Dominique Ingres.
Illust. droits réservés.

1-B.

Sûr que les instruments à corde ont toute leur place dans les tableaux de l'artiste. Comme dans son célèbre *Bain turc* où une belle odalisque, vue de dos, joue du *'ûd*, un instrument oriental apparenté au violon. C'est d'ailleurs en s'inspirant des formes courbes de la jolie femme que le célèbre photographe américain Man Ray réalisa une magnifique composition artistique où le corps dénudé de son modèle n'est plus que violon.
Avec deux notes de musique, érotiques et élégantes, tatouées sur les reins.
Ingres laisse une formidable galerie de portraits très réalistes, faits d'ombre et de lumière, de courbes et de drapés, de parfums d'orient et de postures lascives.
Des tableaux dans lesquels la femme tient à la fois le premier rôle et l'instrument de musique. Autant de réalisations qui constituent un miroir de la société bourgeoise de son temps, un reflet de l'esprit et des mœurs d'une classe, la sienne, dont il trace les vertus et les limites.
Mais vous savez comment sont les grands artistes… Toujours en quête de nouvelles inspirations, toujours à la recherche de nouvelles sensations…
Et le peintre de se passionner pour la musique, le violon, plus précisément. Passion qui lui fit occuper un temps le rôle de deuxième violon dans l'orchestre du Capitole de Toulouse.
D'où l'expression.

2- Après des débuts contrariés, Nicolo ISOUARD (1775-1818) devait connaître un succès international considérable et apporter une immense contribution au théâtre lyrique français. Aujourd'hui, une rue de Paris porte son nom, son buste orne la façade de l'opéra comique de la capitale et les titres de ses œuvres figurent sur son monument funéraire. Mais pourquoi donc le jeune Nicolas décida t-il de changer son prénom en Nicolo?

*A- Pour rendre hommage à Umberto Nicolo, le maître italien de ses débuts*
*B- La tonalité italienne obtenue était plus en vogue dans les milieux lyriques*
*C- Pour ne pas compromettre la réputation de sa famille, opposée à ce choix de carrière*
*D- En empruntant le patronyme d'un célèbre compositeur maltais, il put se faire introduire auprès de Bonaparte et obtenir de lui une précieuse aide financière*

Le compositeur Nicolas Isouard, dit Nicolo.
Illust. droits réservés.

## 2-C.

Modérément convaincu par la vocation musicale précoce de son enfant, le père Isouard destinait son fils à une tout autre vocation, autrement plus lucrative et respectable: le commerce.

En changeant de prénom, le jeune Nicolas pouvait ainsi s'adonner à sa passion sans risquer de ternir l'honneur et la réputation de la famille. Sûr que la tonalité italienne ainsi obtenue était aussi dans l'air du temps...

Les débuts furent difficiles. Mais bientôt le retrait de Méhul et Cherubini allait permettre à Nicolo de faire état de tout son génie musical et de produire une abondante œuvre lyrique dont les principaux titres - gravés sur sa tombe - connurent en leur temps un formidable succès : *Les rendez-vous bourgeois, Cendrillon, Joconde, Jeannot et Colin, Le billet de loterie...*

Miné par une vie de plaisirs, Nicolo devait disparaître prématurément, à l'âge de 43 ans.

Les titres des œuvres de Nicolo
gravés sur sa sépulture.
Illust. droits réservés

# J comme
## Jomard, Joffrin

1- Comme le rappelle sa sépulture, ornée de livres, d'instruments de mesure et d'un globe terrestre, François JOMARD (1777-1862), ingénieur, géographe et archéologue, participa lui aussi à la campagne d'Egypte de Bonaparte en 1798.
C'est aussi à ce titre, qu'il devait...

*A- rédiger un mémoire sur le système métrique des anciens Egyptiens*
*B- participer, sous la férule de Vivant Denon, à la rédaction de la Description de l'Egypte*
*C- être le premier occidental à remonter le Nil jusqu'à la $3^e$ cataracte*
*D- établir avec Champollion le premier catalogue officiel des hiéroglyphes*

L'égyptologue François Jomard.
Illust. droits réservés.

1-B et D.

On évoque volontiers - et à juste titre - les découvertes de Champollion et de Monge, les réalisations de Lesseps et de Denon...

On parle moins - et c'est regrettable - de ce savant qui, dans l'ombre de ses aînés, établit le premier *Catalogue des hiéroglyphes* et participa à la rédaction de la *Description de l'Egypte*, ouvrages de référence de tant d'égyptologues.

François Jomard, ou le grand oublié de la campagne d'Egypte.

Les instruments de travail de Jomard.
Détail de la sépulture.
Illust. droits réservés.

2- Beau parcours que celui de Jules JOFFRIN (1846-1890), modeste ouvrier mécanicien devenu Député de Paris... Outre un médaillon à son effigie et une vibrante citation aux accents prolétariens, sa dernière demeure arbore un symbole bien républicain, à savoir...

***A****- un buste de Marianne*
***B****- le drapeau tricolore*
***C****- la devise de la République : Liberté, Egalité, Fraternité*
***D****- un bonnet phrygien*

Le regard décidé et un rien revêche de Jules Joffrin.
Détail de la sépulture.
Illust droits réservés.

2-D.

Le texte de l'épitaphe de Jules Joffrin, en forme de testament spirituel, est assez dégradé, pour ne pas dire illisible.

Avec des accents tout emprunts de son engagement à la lutte des classes, il recommande: *En partant, je souhaite aux jeunes du parti ouvrier de remplir aussi leur tâche. Que leur vie soit ce qu'a été la mienne, je crois une vie de travail, de sincérité et de dévouement à la cause populaire.*

Mais si la recommandation n'est pas bien mise en valeur, le bonnet phrygien, lui, veille fièrement sur le devant de la sépulture de cet homme pétri de convictions républicaines.

Parce que les valeurs de la République, il les connaît comme personne, Joffrin. En 1870, il prend part aux combats lors de la guerre franco-prussienne. Un an plus tard, il soutient activement la Commune de Paris. Après la *semaine sanglante*, il s'exile en Angleterre, comme réfugié politique.

De retour en France onze ans plus tard, il intègre le conseil municipal de Paris, dont il devient bientôt le vice-président. En 1889, c'est encore lui qui défie le Général Boulanger en se présentant aux élections municipales dans le XVIIIe arrondissement de la capitale.

Boulanger recueille deux mille voix de plus que son adversaire, mais son élection est invalidée. Jules entre à la chambre des députés.

Et avec lui les masses prolétariennes.

# K comme...

## Kardec

Nul n'ignore que Denizard Hippolyte Léon RIVAIL, allias Allan KARDEC (1804-1869), est considéré comme le père de la philosophie spirite en France. On sait moins en revanche d'où lui vient ce pseudonyme de Kardec...

*A- Un esprit lui révéla avoir vécu sous cette identité dans une vie antérieure*
*B- Il s'agit de l'anagramme du nom de jeune fille de sa mère, DERACK*
*C- Selon la numérologie, la somme des chiffres correspondants à ces lettres est de 666, nombre magique pour les spirites*
*D- Ce nom lui fut donné par sa loge maçonnique*

Le buste d'Allan Kardec trône sous un dolmen toujours fleuri.
Illust. droits réservés.

1-A.

Le monumental dolmen sous lequel repose Kardec partage avec la sépulture de Chopin le record de la tombe la plus fleurie du cimetière.

De nombreux médiums et adeptes de divers courants spiritistes viennent ici, et parfois de fort loin, chercher l'inspiration en apposant la main sur le buste du Maître... Pour eux, seul le spiritisme peut apporter la preuve scientifique de la vie après la mort.

*Naître, mourir, renaître encore et progresser sans cesse. Telle est la loi* peut-on lire sur la pierre en guise d'incitation à la méditation. Ou encore: *Tout effet a une cause, tout effet intelligent a une cause intelligente. La puissance de la cause est en raison de la grandeur de l'effet.* Qu'on se le dise !

Et la philosophie de Kardec fera de nombreux adeptes, bien au-delà de nos frontières. Au Brésil, surtout. Où des millions de ses ouvrages sont vendus, où les principales villes lui consacrent une rue, où des timbres commémoratifs sont imprimés à son effigie, où plusieurs écoles portent son nom...

Issu d'une riche famille lyonnaise, rien ne prédestine pourtant le jeune Denizard à s'intéresser aux sciences occultes ni au surnaturel. Il fait des études on ne peut plus académiques en Suisse, apprend plusieurs langues et semble se destiner à la pédagogie et à la traduction. C'est même en qualité de pédagogue positiviste qu'il est bientôt sollicité pour superviser des séances de tables tournantes. Et c'est la révélation. Un tournant, si l'on ose dire.

Dès lors, il entreprend une série de conversations posthumes avec toutes sortes d'esprits.

Et c'est précisément lors de l'une de ces conversations qu'un esprit lui révéla son véritable nom, Allan Kardec, celui qu'il portait dans sa vie antérieure de druide.

Si les esprits s'en mêlent...

# L comme…

Lachambeaudie, Lasne, Le Bas, Ledru-Rollin, Lesseps (de), Lesurques, Loyson

1- Pierre LACHAMBEAUDIE (1806-1872), encore un nom passablement tombé dans l'oubli… Pourtant, l'homme connut son heure de gloire grâce à un genre littéraire qui lui valut bien des honneurs. Il s'agit bien sûr…

*A- de la fable, genre pour lequel il fut deux fois récompensé par l'Académie française*
*B- du roman épistolaire, qui lui valut les chaleureux compliments de Victor Hugo*
*C- du théâtre académique, pour lequel il reçut le prix Racine*
*D- de l'épopée, qui devait le mener jusqu'à Napoléon III, lui-même grand amateur de ce genre littéraire*

Le buste austère de Pierre Lachambeaudie.
Illust. droits réservés.

1-A.
Quel dommage que les fables de Pierre Lachambeaudie soient à ce point oubliées de nos contemporains...
Vous en doutez? Relisez sans tarder *La goutte d'eau, La locomotive et le cheval* ou encore *L'âne et son maître*, véritables chefs-d'œuvre du genre... Le ton est juste, la rime précise et l'enseignement pertinent.
Et si le buste de l'homme n'est guère avenant, sa poésie mérite d'être redécouverte...
Extrait :

*Généreux, bienfaisant, un maître prétendait*
*Devoir du bât honteux affranchir son baudet*
*On dit que l'animal lui parla de la sorte :*
*«Depuis que je suis né, chaque jour je le porte*
*Mon père et mes aïeux le portèrent aussi*
*Et certes ces gens-là me valaient, Dieu Merci !*
*Je refuse vos dons, j'aurais mauvaise grâce,*
*Moi, misérable baudet, à renier ma race».*
*Combien voit-on de gens, sottement entêtés*
*Qui, nés avec le bât, veulent mourir bâtés...*

C'est tellement vrai...

2- Geôlier de la prison royale où Louis XVI et ses proches vivent leurs dernières heures en famille, Etienne LASNE (1758-1841) fut bien malgré lui l'acteur-témoin d'un drame royal. Le texte de son épitaphe précise en effet qu'il lui revint le sinistre privilège de...

***A****- recueillir les dernières volontés et confessions de Marie-Antoinette*
***B****- réveiller Louis XVI et l'informer de son exécution imminente*
***C****- conduire la voiture du Roi vers le lieu d'exécution*
***D****- voir mourir dans ses bras le dauphin Louis XVII*

L'arrivée de la famille royale
à la prison du Temple.
Illust. droits réservés.

2- D.

L'épitaphe, très dégradée et pratiquement illisible, est poignante de simplicité :

*Commissaire préposé à la garde de la tour du Temple le II germinal an III (23 mars 1795), il a vu, malgré ses soins, s'achever dans ses bras la lente agonie de Louis XVII.*

Et devant cet émouvant témoignage de l'histoire, on se prend à imaginer la scène... Le cachot, les geôliers, les barreaux, l'attente, l'angoisse... Et puis les adieux du Roi à sa famille, les larmes de Marie-Antoinette...

Resurgissent alors les plus violents souvenirs de la Révolution. Les émeutes, le sang, l'ombre de la guillotine, le spectre de la Terreur, les tribunaux populaires, les assassinats, les visages impassibles de Robespierre et de Fouquier-Tinville...

Et les traits angevins et maladifs de l'héritier de la couronne.

L'exécution de Louis XVI, le 21 janvier 1793, place de la Révolution, aujourd'hui place de la Concorde.
Illust. droits réservés.

3- Dans la mémoire de tout un chacun, le nom d'Apollinaire LEBAS (1797-1873) est à jamais associé à l'un des plus célèbres monuments parisiens: l'obélisque de la place de la Concorde. Mais se souvient-on seulement pour quelle raison ? Car on oublie parfois que l'homme fut chargé…

*A- de réaliser le projet d'une copie grandeur nature destinée à remplacer l'original sur place*
*B- de décrypter les hiéroglyphes gravés sur le monolithe*
*C- de négocier - en vain - l'acquisition d'un second obélisque*
*D- du transport et de l'érection du monument*

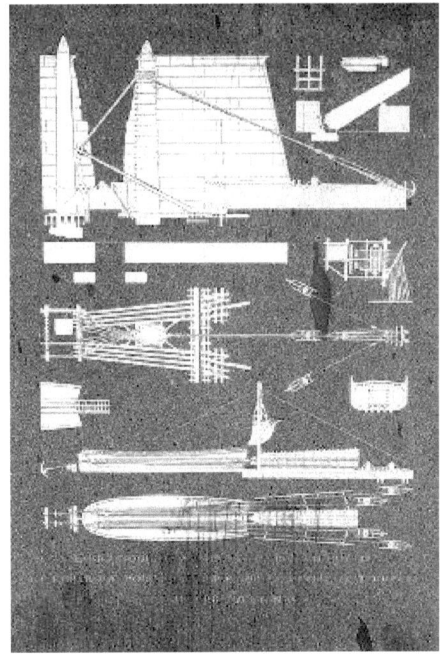

Les dessins illustrant les travaux de Lebas, sur le socle de l'obélisque.
Illust. droits réservés

3-D.

C'est en 1830 que Méhémet Ali, Vice-roi d'Egypte, offrit à la France les *deux* obélisques ornant l'entrée du temple de Louxor, en haute Egypte.

Seul celui de droite fut choisi pour immortaliser, sur le sol parisien, l'excellence des relations entre les deux pays. Il fallut plus de trois ans et un navire tout spécialement conçu pour braver les eaux tumultueuses du Nil et les capricieuses tempêtes de la Méditerranée, afin d'acheminer le précieux don jusqu'à Paris.

Le plus dur était fait, du moins le croyait-on. Mais on était loin du compte. Car l'érection du monolithe fut une entreprise des plus périlleuses, comme en témoignent les savantes explications gravées à même le monument de la place de la Concorde, et aussi sur le socle de sa réplique, aux dimensions plus modestes, qui veille sur le dernier sommeil de Le Bas.

25 octobre 1836. En présence d'une foule immense et du Roi Louis Philippe I$^{er}$ l'obélisque, actionné par de savantes machines, commence à se dresser dans le ciel parisien. Lentement, mais sûrement. Déjà, on entend quelques vivats. Le moment est historique. Soudain le mécanisme s'arrête tout net. L'obélisque est à l'oblique, figé dans son ascension, comme refusant jusqu'au bout et dans un dernier effort l'aboutissement de cet exil obligé et humiliant.

On craint le pire. Les visages se crispent. Le Bas, préférant une mort honorable à une humiliation publique, se poste à la verticale des 230 tonnes de granit qui menacent de s'écrouler et de l'écraser.

*Mouillez les cordes !* hurle alors un quidam dans la foule... Ce qui est fait sans attendre. Et l'obélisque de reprendre enfin son ascension et de se dresser dans toute sa verticalité.

Pour le plus grand bonheur des Parisiens et des touristes.

La petite histoire retiendra que ce n'est qu'en 1981 que le Président Mitterrand renoncera officiellement, au nom de la France, à prendre livraison du second obélisque, désormais unique sentinelle du temple de Louxor. On respire.

Les amoureux de Ramsès le Grand, de ses innombrables femmes et de ses 130 enfants peuvent encore rêver d'éternité. A Paris comme à Louxor.

4- Rares sont les personnages qui, à l'instar d'Alexandre **LEDRU-ROLLIN** (1807-1874), peuvent se targuer d'avoir donné leur nom à une avenue et à une station de métro parisiennes. En l'occurrence, ces hommages mérités sont là pour rappeler que notre homme...

***A**- dirigea le plus long gouvernement de Napoléon III*
***B**- contribua à faire adopter le suffrage universel masculin*
***C**- participa activement à la Campagne des banquets*
***D**- fut l'un des promoteurs de la deuxième République*

Alexandre Ledru-Rollin, lui aussi quelque peu oublié.
Illust. droits réservés.

4- B, C et D.
Fin 1847. La France s'enlise dans une crise agricole et industrielle sans précédent. Devant la politique conservatrice de Louis Philippe I$^{er}$ le mécontentement grandit. C'est l'heure, pour l'opposition, de mobiliser ses troupes.

Mais le Roi ne l'entend pas ainsi... Peu enclin à prêter l'oreille aux contestations, il fait interdire toutes les réunions politiques de ses adversaires. La colère monte d'un cran. Les réunions politiques sont interdites ? Qu'à cela ne tienne ! Après tout, rien ne vaut un bon banquet pour parler politique autour d'un verre de vin et de quelques produits du terroir... Et c'est ainsi que, sous l'autorité de Ledru-Rollin et de quelques autres, naquit cette fameuse *Campagne des banquets* qui, en contournant la loi, allait permettre à l'opposition de se réunir, de débattre, de s'organiser et de jeter les bases d'un changement politique radical... Et si la forme du débat a changé, le propos reste le même, avec toujours, au centre des revendications, l'élargissement du corps électoral.

Mais Guizot, le chef du gouvernement, est inflexible. Pour lui, pas question de modifier le suffrage censitaire... D'abord tolérées, ces réunions d'un genre nouveau sont vite perçues comme une menace pour le pouvoir qui finit par les interdire... et à mettre le feu aux poudres. Les débordements populaires qui s'en suivront déclencheront la révolution de 1848 qui entraînera la chute de la monarchie de juillet. La voie est libre pour la mise en place d'un nouveau régime. Ce sera la deuxième République, avec, à sa tête, un Président élu au suffrage universel masculin. Pour la première fois dans l'histoire de France, et grâce, notamment, à l'engagement d'Alexandre Ledru-Rollin.

Et c'est le plus naturellement du monde que ce dernier sera candidat à cette élection de 1848 dont il fut l'ardent promoteur. Las ! Opposé à Cavaignac et surtout à Louis Napoléon Bonaparte, il ne recueillera que 5% des suffrages. Fort d'un patronyme à faire renoncer tout adversaire, le neveu de l'Empereur est triomphalement élu Président de la République.

Pour Ledru-Rollin, la défaite est amère. Tout ça pour ça ! Lui qui aura milité toute sa vie pour faire adopter le suffrage universel, le voilà humilié par sa propre réforme... Piètre consolation, il est élu l'année suivante à l'assemblée législative.

Mais suite à une tentative de soulèvement contre le pouvoir en place, il est déchu de son mandat. Alors ce sera l'exil en Angleterre… Exil dont il ne rentrera qu'en 1871, après l'abdication de Napoléon III et la proclamation de la troisième République. Mais bien que réélu député à deux reprises, il n'exercera plus guère d'influence sur la vie politique du pays.

L'homme a connu deux empires, deux restaurations, deux révolutions et deux républiques…

Et pourtant son parcours laisse comme un goût d'inachevé.

5- Comme celle de Champollion, la carrière de Ferdinand de LESSEPS (1805-1894) est elle aussi placée sous le signe de l'Egypte. Le célèbre ingénieur s'illustra en effet...

*A- en élaborant, avec Gustave Eiffel, les plans de plusieurs ponts sur le Nil*
*B- en émettant plusieurs hypothèses sur la technique de construction des pyramides de Guizeh*
*C- en traçant les ébauches de ce qui, un siècle plus tard, deviendrait le barrage d'Assouan*
*D- en creusant le canal de Suez, évitant ainsi aux navires le contournement de l'Afrique*

Ferdinand de Lesseps, un homme et un destin intimement liés à l'histoire moderne de l'Egypte.
Illust. droits réservés

5-D.
L'entreprise, tant sur le plan politique que financier, ne fut pas une mince affaire et n'aurait pu se conclure sans l'entremise de l'Impératrice Eugénie elle-même.

Pour mémoire : Alexandrie, le 26 juillet 1956. Devant une foule en liesse et totalement acquise à sa cause, Gamal Abd el Nasser prend la parole et s'empare du micro. Le propos se veut politique, mesuré, consensuel. Il s'agit d'assurer pour l'Egypte et son peuple une douce transition vers la République et la démocratie.

Puis, au fil des phrases, le ton se durcit, le propos devient passionné, nationaliste, révolutionnaire, revendicatif. Comme toujours avec Nasser. La foule s'enflamme, hurle, réclame justice, liberté et indépendance. Et le Raïs, dans cette langue du peuple, la sienne, de haranguer, de promettre, d'invectiver, de prendre date... et de prononcer plus de quinze fois le nom de Lesseps, au détour de phrases sans aucun rapport avec Ferdinand...

Mise en scène, pensez-vous. Publique manière de rendre un hommage appuyé à la mémoire de l'ingénieur français, cet homme qui a œuvré toute sa vie pour le développement du pays. Point du tout. Plus prosaïquement, il s'agissait de prononcer ce nom de code - *de Lesseps* - par lequel le Raïs intimait à ses partisans l'ordre d'investir sur le champ et par surprise les bureaux de la Compagnie du Canal de Suez, jusque là sous autorité britannique. L'opération, organisée dans le plus grand secret, fut couronnée de succès. Bientôt, le Canal allait être nationalisé, ses capitaux et recettes mis sous contrôle égyptien.

Un tremblement de terre pour l'occident, habitué à une Egypte docile et consentante... Un geste fort, symbolique, qui balayait d'un revers de la main la tutelle étrangère du sol des Pharaons et du monde arabe. Un geste qui allait faire entrer Nasser dans l'histoire de son pays.

Et les guerres de reprendre...

6- En se promenant dans les sinueuses allées de la 8ᵉ division, le visiteur remarquera immanquablement l'épitaphe de Joseph LESURQUES (1763-1796) qui rappelle, sans plus de précisions, que l'homme *fut victime de la plus déplorable des erreurs humaines.* Intrigant... De fait, Lesurques fut victime d'une des plus célèbres erreurs judiciaires de l'histoire de France, et guillotiné pour avoir été, à tort, accusé d'avoir...

*A- fomenté un attentat contre Fouquier-Tinville, grand artisan des Tribunaux Révolutionnaires*
*B- été impliqué dans l'affaire dite « du courrier de Lyon »*
*C- fourni à Charlotte Corday l'arme qui allait tuer Marat*
*D- tenté de s'opposer au mariage de Bonaparte avec Joséphine de Beauharnais*

Le glaive et la balance, symboles de justice et d'équité.
Illust. droits réservés

## 6-B.

27 avril 1796. A la nuit tombée, une diligence quitte Paris, discrètement, à destination de Lyon. Pas n'importe quelle diligence... Dans son coffre, une véritable fortune : Quatre-vingt mille livres en monnaie et sept millions en assignats, le tout destiné à financer les nouvelles conquêtes de Bonaparte en Italie. De quoi attiser les convoitises...

Non loin de Vert-Saint-Denis, en Seine et Marne, la malle-poste est attaquée par un groupe de brigands à cheval. Prévisible... Les deux postillons et le convoyeur sont froidement massacrés. Le trésor, bien sûr, disparaît...

L'enquête, expéditive comme le veut l'époque, conduira à l'arrestation de six hommes, dont Lesurques, formellement identifié comme l'un des agresseurs.

Ce dernier, respectable rentier, père de deux enfants, clame son innocence et crie à l'erreur judiciaire. Sa protestation est d'autant plus crédible que Curiol, un autre accusé, revendique haut et fort toute la responsabilité de l'affaire et innocente Lesurques dont il affirme qu'il est victime d'une ressemblance physique avec le véritable complice...

Jusqu'au pied de l'échafaud, Curiol n'aura de cesse d'affirmer que Joseph n'y est pour rien...

En vain. Il faut dire qu'en ces années post révolutionnaires, les têtes tombent comme les fruits mûrs...

Le jugement est confirmé et Lesurques est guillotiné le 31 octobre de la même année. Il avait trente-trois ans...

Tragique disparition qui conduira sa femme à la folie et sa fille au suicide...

Quant à son fils, engagé dans l'armée napoléonienne, il ira chercher la mort au cours de la Campagne de Russie...

Mais il se trouve que le juge Daubanton, en charge du dossier, est taraudé par le doute... Et si Curiol avait dit vrai ? Et si Lesurques avait été victime d'une déplorable méprise ? Pour en avoir le cœur net, il diligente un complément d'enquête.

Rapidement, les nouvelles investigations mènent à un nouveau suspect qui ne tarde pas à révéler des noms. Et notamment, celui d'un certain Dubosc, dont les traits rappellent étrangement ceux de Lesurques...

Sauf que l'un est brun et que l'autre était blond. Même de nuit, impossible de les confondre...
- *Coiffez-le d'une perruque blonde*, ordonne le juge...
- Ebahis, confus mais unanimes, les témoins reconnaissent aussitôt l'auteur de l'attaque.
Un peu tard, Lesurques est mort...
Dubosc, faut-il le préciser, sera lui aussi jugé et guillotiné.
Sans sa perruque.

Une malle-poste comme celle qui
allait envoyer Lesurques à l'échafaud.
Illust. droits réservés

7- Du haut de son piédestal de marbre rouge, le buste de Hyacinte LOYSON (1827-1912) toise fièrement le promeneur. Tout à l'image de cet homme d'église qui devait, par ses prises de position jugées outrageuses sur des sujets inconvenants, défier sa hiérarchie catholique et s'attirer les foudres de ses supérieurs.
Et finalement se faire excommunier pour s'être exprimé...

*A- contre l'infaillibilité du Pape*
*B- en faveur du mariage des prêtres*
*C- pour un rapprochement avec l'église réformée*
*D- pour le droit des femmes à présider les cérémonies religieuses*

L'iconoclaste père Hyacinte Loyson, paria de l'église catholique.
Illust. droits réservés.

7- A et C.
L'origine du pouvoir, la souveraineté populaire, le droit divin, le rapprochement avec l'église réformée, l'amour conjugal, la virginité, le mariage des prêtres, le rôle des courtisanes dans la société moderne...

Autant de thèmes que le père Hyacinte s'employait à développer sans détours au cours de sermons enflammés délivrés du haut de la chaire de Notre Dame. Difficile, on en conviendra, d'aborder de tels sujets sans s'attirer les foudres de la hiérarchie catholique...

L'homme, en tout cas, n'en avait cure et se plaçait au dessus de ce type de considérations. Son épitaphe le dit, et sans ambages:

*Mon âme habite des régions si hautes que je puis être à la fois catholique et protestant, grec et latin, chrétien et juif ou même musulman. Ces diverses formes religieuses sont diversement belles, aucune n'est absolument vraie. Sous ces noms différents, je retrouve uniquement la religion du Dieu personnel et vivant.*

Mais ce sont ses prises de position remettant en cause l'infaillibilité papale qui valurent au père Hyacinthe d'être excommunié.

La goutte qui fit déborder le calice.

# M comme

Maquet, Mercier, Michelet, Musset (de)

1- *Le comte de Monte-Cristo, Les trois mousquetaires, La Reine Margot...* Autant d'ouvrages qui ont fait la célébrité d'Alexandre Dumas. Mais alors, comment expliquer que l'on retrouve ces mêmes titres, fièrement gravés sur la tombe d'un certain Auguste MAQUET (1813-1888)?

*A- Maquet n'était autre que le « nègre » de Dumas*
*B- Editeur de son état, Maquet était aussi le relieur personnel du grand écrivain*
*C- Maquet avait corrigé les épreuves de Dumas en échange de cette reconnaissance posthume*
*D- Maquet repose dans une sépulture initialement prévue pour accueillir Dumas*

Auguste Maquet, drapé dans sa dignité. Détail de la sépulture.
Illust. droits réservés.

1-A.
Anecdote rapportée par Eugène de Mirecourt, journaliste, qui révéla le rôle éminent joué par les collaborateurs de Dumas :
*Maquet, voulant prouver que son chef de manufacture (A. Dumas, NDLR) n'ajoutait pas une syllabe et ne retirait pas un iota du travail primitif, composa, séance tenante, sous les yeux d'une demi-douzaine d'intimes, une phrase étrange, une phrase barbare, une phrase de cinq lignes dans laquelle est répété seize fois le mot QUE, cet éternel désespoir de l'écrivain, ce caillou qu'une langue ingrate fait rouler constamment sous notre plume. Les intimes s'écriaient :*
*- Dumas en biffera bien deux ou trois!*
*- Je parie pour sept ! Il en restera neuf, c'est fort raisonnable!*
*M. Dumas ne biffa rien. Le jour suivant, on put voir toute cette fourmilière de QUE grouiller dans le feuilleton du quotidien Le Siècle...*
C'est en 1838 que Maquet, par l'entremise de son ami Gérard de Nerval, fait la connaissance de Dumas. L'étroite collaboration s'engage aussitôt. Elle durera plus de douze ans.
Mais Dumas n'a pas la reconnaissance, comment dire... spontanée. Car c'est bien connu, chez ces gens là, Monsieur, on ne partage pas.
D'autant que la situation financière de Dumas est au plus mal et que la faillite menace. Alors, Auguste se rebiffe. Impayé et privé de ses droits d'auteur, il attaque son mentor d'hier en justice.
Mais, considéré comme un simple créancier parmi d'autres, il se voit dédommagé financièrement, en échange de quoi il doit renoncer à voir son nom inscrit sur les œuvres rédigées en collaboration avec Dumas...
Serviteur fidèle, loyal, mais anonyme, Maquet n'a jamais connu la reconnaissance espérée. Il en conçut, et on le comprend, une rancœur, amère et tenace.
Et il le fait savoir. Dans la pierre et pour l'éternité.
On le savait, la vengeance est un plat...

2- Sébastien MERCIER (1740-1814), est l'auteur, parmi d'innombrables autres ouvrages, d'une magnifique description du Paris du XVIIIe e siècle, de son peuple, de ses institutions, de son histoire... Ouvrage de référence qui s'intitule...

**A**- *Le visage de Paris et de ses faubourgs*
**B**- *Le tableau de Paris*
**C**- *Les reflets de Paris*
**D**- *La seine, Paris et ses environs*

Sébastien Mercier, prolixe historien du Paris du XVIIIe.
Illust. droits réservés.

2-B.
*Le tableau de Paris*... La Bible des amoureux de la capitale, de son histoire, de ses histoires, de ses monuments, de ses petits métiers, de ses grands hommes, de ses outrances...
Et puis la Seine, toujours là, à fleur de rive. Tantôt fleuve majestueux et nourricier, tantôt cloaque nauséabond et létal.
Au fil des pages, la capitale se dévoile, impudique et comme fière de l'être. Et Paris n'est plus que cris, obscénités, commérages, marchandages en tous genres, règlements de comptes...
Doux Jésus ! Fasse le ciel que la boue du ruisseau, les déjections équines ou les crachats des manants ne viennent souiller les toilettes des élégantes courtisanes et de leurs cavaliers d'un soir...
Car cette nuit, de l'autre côté de la Seine, dans les beaux quartiers, Madame la Comtesse donne un bal. Costumé.
Et l'on y boira, à la santé de la Ville lumière.

3- Sur la tombe de Jules MICHELET (1798-1874), on peut admirer, ce n'est que justice, une magnifique allégorie de l'Histoire. Sous les traits de la muse Clio, la jeune femme désigne du doigt une sentence gravée dans le marbre où l'on peut lire...

*A- L'Histoire est une résurrection*
*B- L'Histoire n'est sagesse que pour celui qui sait l'entendre*
*C- L'Histoire n'est qu'histoires*
*D- L'Histoire est un recommencement*

Le gisant de Jules Michelet et la muse Clio. Détail de la sépulture.
Illust. droits réservés.

3-A.
Historien de génie pour les uns, charlatan pour les autres, Jules Michelet est ce qu'on appelle un personnage controversé.
Controversé, mais fécond. Auteur d'une multitude d'ouvrages d'érudition ou de vulgarisation, ses détracteurs lui reprochèrent parfois vertement ses élans littéraires empreints d'un lyrisme qui sied mal, selon eux, à la rigueur historique...
Quant à lui, il donnait une définition assez originale de la discipline à laquelle il avait consacré son existence:
*Augustin Thierry avait appelé l'histoire narration, Guizot, analyse. Je l'appelle résurrection.*
Pourquoi pas.
En tout cas, pour apprécier la maxime à sa juste valeur, le mieux est encore de se rendre aux pieds de la jolie muse Clio. Allègrement, elle enjambe le gisant, comme pour signifier que la résurrection, voulue par l'auteur de *L'histoire de France*, est en route...

4- Selon le vœu d'Alfred de MUSSET (1810-1857), ses amis plantèrent un arbre sur sa tombe. Dans un vers que l'on peut lire sur sa stèle funéraire, le poète avait même précisé l'essence de l'arbre sous lequel il souhaitait reposer, à savoir...

*A- un chêne car « ses robustes racines seront mon dernier port »*
*B- un saule car « son ombre sera légère à la terre où je dormirai »*
*C- un peuplier car « la hauteur de son faîte nous rapproche des cieux »*
*D- un cèdre car « sa couleur chamarrée me rappelle l'Orient »*

Le buste de Musset.
Détail de la sépulture.
Illust. droits réservés.

4-B.

Des arbres, le Père Lachaise en compte plus de cinq mille, disséminés sur les quarante-quatre hectares du domaine. Erables, frênes, thuyas, marronniers, platanes, robiniers, hêtres... Arbres nécrophages parfois centenaires ou fragiles pousses, tout juste sorties de terre. Une végétation luxuriante et colorée qui donne à la nécropole son caractère si champêtre.

Quelques-uns de ces arbres, remarquables quant à leurs dimensions, leur âge ou leur rareté, sont même signalés par une petite pancarte.

Quoi qu'il en soit, le saule de Musset demeure une attraction que les guides renoncent rarement à commenter.

Reste qu'en préférant le saule, l'auteur de Fantasio n'avait pas vraiment fait le bon choix, cette espèce ayant visiblement du mal à prendre durablement racine dans la terre du Père Lachaise.

L'inclinaison du terrain, peut-être, ou la salinité du sol...

Sans doute le peuplier ou le cèdre eussent connu ici meilleur destin. C'est à voir.

Quoi qu'il en soit, plusieurs saules se sont ainsi succédé derrière la tombe du poète, avec plus ou moins de bonheur et de longévité.

Le dernier en date, bien chétif, offre en tout cas une ombre tout à fait conforme à la volonté du poète.

Elle est on ne saurait plus légère.

# N comme...

Neveu, Noir

1- Un médaillon à l'effigie d'une jeune femme, un violon de pierre sur une tombe, discrète et noyée dans la verdure... Modestes hommages pour Ginette NEVEU (1919-1949), violoniste d'exception qui disparut en pleine gloire, à 30 ans, victime d'un tragique accident d'avion. Et pourtant, la disparition de l'artiste passa pratiquement inaperçue car...

***A****- la famille exigea le plus grand secret sur le décès et les cérémonies d'inhumation*
***B****- un événement majeur et de portée internationale était survenu la veille*
***C****- les journaux préférèrent commenter la disparition d'un grand sportif, décédé le même jour*
***D****- la presse ne put commenter sa disparition, et pour cause, elle était en grève*

Le visage de Ginette Neveu. Détail de la sépulture.
Illust. droits réservés.

1-C.
L'histoire de cette enfant prodige est bouleversante...
Virtuose inégalée, citée en exemple par ses maîtres, Ginette commence sa carrière à sept ans salle Gaveau, et très vite collectionne les prix et les honneurs. En quelques représentations, son succès dépasse les frontières.
Bientôt on se bouscule pour l'écouter dans toutes les plus prestigieuses salles d'Europe. Son talent est universellement reconnu, la critique est unanime. La carrière de Ginette est lancée. L'Europe l'applaudit, l'Europe l'adule, l'Europe en redemande.
Mais l'Europe de l'époque est bien étroite. Maintenant, c'est avec le public d'outre-Atlantique qu'elle a rendez-vous. La notoriété de Ginette traverse l'océan et change de dimension.
Orly, 28 octobre 1949. Toute l'équipe des musiciens est là, prête à embarquer vers une tournée qui s'annonce triomphale. La presse locale n'a pas lésiné pour promouvoir l'arrivée de l'artiste. Déjà, toutes les places ont été vendues. Demain, on jouera à guichets fermés.
C'était sans compter avec le destin. Car le Lockeed Constellation qui emmène la jeune femme vers sa conquête de l'Amérique s'abîme au large des Açores. 48 passagers, aucun survivant. Pourtant, la disparition de l'artiste ne fit que quelques lignes dans les journaux...
Il faut dire que l'avion transportait aussi Marcel Cerdan... Cerdan, le *Bombardier de Casablanca*, parti, lui aussi, et dans le même avion, à la conquête de l'Amérique. Ou plus exactement, à la reconquête de son titre de champion du monde des poids moyens, ce titre qu'il a perdu six mois plus tôt contre un autre géant de la boxe, Jake La Motta, dit Raging Bull.
Ah! Cerdan... Qui tenait dans ses poings tout l'honneur d'un pays. Cerdan, surtout, dont l'idylle avec Piaf avait fait rêver la France entière...
Le fragile Stradivarius ne fit guère le poids devant les gants de cuir.
Car la presse rechigne toujours à partager l'émotion.

2- Froidement assassiné par Pierre Bonaparte, cousin de l'Empereur, le journaliste Victor NOIR (1848-1870) fut derechef revêtu du costume du martyr politique et républicain. Mais c'est surtout son gisant, objet de multiples légendes, qui attire l'attention car...

*A- on y voit des femmes, en quête de fécondité, caresser la partie virile de la statue*
*B- le haut de forme du gisant est rempli de photos d'admiratrices*
*C- de nombreux joueurs de loto s'y pressent pour remplir leur grille*
*D- le socle du monument est recouvert de déclarations d'amour inscrites au rouge à lèvres*

Le gisant de Victor Noir, objet de bien des fantasmes.
Illust. droits réservés.

2-A.

Le jeune Yvan Salmon, allias Victor Noir, journaliste pour le compte du quotidien *La Marseillaise*, n'était pourtant monté à Paris que pour remettre un message.

Pas n'importe quel message, certes. Et pas à n'importe qui. Le 10 janvier 1870, il se présente au domicile de Pierre Bonaparte. Un patronyme comme celui-là, ça fait réfléchir.

Sans compter que la lettre qu'il s'apprête à remettre de la part de son rédacteur en chef n'est rien moins qu'une provocation en duel. Il faut dire que, voici quelques jours, Bonaparte s'est répandu dans la presse en propos que l'autre a jugés diffamants. On ne plaisante pas avec le code de l'honneur.

Et la missive précise que c'est Victor qui sera le témoin. La rencontre tourne mal. Le ton monte. On en vient aux mains. Et Bonaparte de sortir le révolver qu'il conserve toujours à portée de main et de faire feu sur son visiteur. Noir est mortellement atteint.

Bien sûr, le procès qui s'en suivra innocentera le cousin de l'Empereur. Dans le pays, l'émotion est vive et l'affaire fait grand bruit.

Alors, c'est l'imaginaire collectif qui entre en jeu, faisant de Victor Noir un héros républicain mort en martyr sous les balles bonapartistes.

Quant à Jules Dalou, le sculpteur, il a particulièrement soigné les détails de sa réalisation: points de couture sur les gants, haut de forme roulant au sol, coiffure savamment défaite, plis impeccables du costume... poussant le réalisme jusqu'à indiquer l'impact de la balle mortelle, juste sous le revers de l'élégant pardessus. Le gisant à bien belle allure.

Mais surtout, l'artiste a doté le jeune Victor d'une protubérance virile fort avantageuse, à laquelle d'incessantes caresses féminines ont donné un lustre tout particulier.

Victor Noir, vert pour l'éternité.

# O comme...

## Oberkampf, Ozanian

1- Industriel d'origine allemande, Christophe-Philippe **OBERKAMPF** (1738-1815) s'est vu, en 1806, attribuer la médaille d'or de l'exposition de l'industrie et remettre la Légion d'honneur des mains propres de l'Empereur... Autant de distinctions pour avoir été...

**A**- *fondateur de la manufacture royale de toiles imprimées de Jouy en Josas*
**B**- *créateur de l'atelier royal de la faïence de Lunéville*
**C**- *repreneur de la Manufacture des Gobelins après la faillite de l'établissement*
**D**- *inventeur avec le Britanique J. Kay d'un procédé de tissage révolutionnaire*

Le cénotaphe de Christophe Oberkampf au Père Lachaise.
Illust. droits réservés

1-A.

Oberkampf... Pour bien des Parisiens, le nom résonne comme celui d'une rue. Et puis d'une station de métro, à l'intersection des lignes 5 et 9, dans le 11$^e$ arrondissement... Mais de l'homme, on n'a guère conservé le souvenir.

Et pourtant son parcours n'est pas banal et sa carrière va être couronnée de lauriers royaux et de la reconnaissance impériale...

Descendant d'une lignée de teinturiers, il commence modestement par s'installer comme graveur, à Mulhouse. Puis c'est Jouy en Josas, où il fonde un atelier de fabrication de toiles, imprimées sur des planches de bois gravées. Le succès est au rendez-vous. En 1770, l'entreprise va connaître une évolution technique majeure: les plaques de bois sont remplacées par des plaques de cuivre souple, fixées sur des tambours cylindriques. La manufacture entre dans l'ère de la mécanisation.

1783, première consécration. L'entreprise reçoit du Roi Louis XVI le titre de *Manufacture royale*. Quatre ans plus tard, Oberkampf se voit élevé par le même Louis XVI au rang envié d'*Ecuyer*. Puis se sont les heures troubles de la Révolution. Malgré une situation politique et sociale peu propice au développement industriel, les affaires sont florissantes et le succès ne se dément pas.

1806, nouvelle consécration. Le travail d'Oberkampf est récompensé de la médaille d'or de première classe lors de l'exposition des produits de l'industrie, au Louvre. Et c'est Napoléon lui-même qui, en 1806, lui remettra les insignes de la Légion d'honneur...

Royauté, Révolution, Empire... Et une gloire jamais démentie. La performance méritait d'être soulignée.

Puis les choses se gâtèrent... La demande déclina, la concurrence se fit plus vive. Et ce fut l'invasion des armées coalisées contre l'Empereur. Il fallut réduire les activités, licencier les trois quarts du personnel, puis fermer quelques temps...

A la mort d'Oberkampf, c'est son fils Emile qui prend les choses en main. Mais les temps sont durs et les affaires périclitent inexorablement. La manufacture fut vendue en 1822 avant de disparaître totalement en 1843.

Oberkampf, lui, est inhumé dans le jardin de ce qui fut sa maison, à Jouy en Josas. La sobre sépulture qui porte son nom est un cénotaphe.

2- Il a fière allure, le Général Antranik OZANIAN (1865-1927), héros national de la résistance arménienne, chevauchant son fougueux cheval de pierre, jumelles à la main, révolver à la ceinture, prêt à charger contre l'armée turque...
Quant aux bas reliefs qui ornent le monument, très expressifs, ils représentent...

*A- des scènes de combat équestre*
*B- des allégories de l'Arménie triomphante*
*C- trois scènes de l'Ancien Testament*
*D- les braves de son armée*

La très réaliste statue du
général Ozanian Antranik.
Illust. droits réservés.

2-D.

C'est à 22 ans, ayant perdu sa femme et ses deux enfants, que le jeune Antranik va faire ses premières armes, en rejoignant un groupe de partisans de sa région, en Arménie occidentale. Mais c'est un peu plus tard à Constantinople que s'affirme son destin. Il y rejoint les chefs de l'indépendance de l'Arménie et prend bientôt la tête d'un groupe de combattants. Opposé aux lignes politiques des partis qui se disputent le pouvoir, il crée sa propre division armée, initiative qui lui vaudra d'être décoré et promu officier.

Première guerre mondiale. Antranik est nommé commandant en chef de toutes les forces des Arméniens volontaires. Mais le combat est trop inégal. Quelques milliers d'hommes ne pèsent guère face à la puissante armée turque aidée par les Allemands... C'est le génocide, l'exode.

1918. Enfin libérée de l'encombrante tutelle russe, l'Arménie se proclame République indépendante. Le rêve fera long feu, car bientôt, c'est la toute nouvelle Union Soviétique qui annexe le territoire.

Antranik s'exile alors en Californie où il s'installe avec sa nouvelle épouse en 1922, à 57 ans. Il y consacre son temps, son énergie et sa renommée à aider les orphelins arméniens. C'est aussi là, bien loin de la terre de ses ancêtres, qu'il termine ses jours, en 1927, et qu'il est inhumé.

Quelques mois plus tard, sa dépouille est exhumée, transférée à Paris et enterrée au Père Lachaise. Février 2000, fin du voyage et retour au pays. Enfin.

Les restes de celui qui incarna à lui seul la souffrance et l'identité du peuple arménien sont rapatriés en Arménie, pour un troisième enterrement...

Antranik, apatride jusque dans la mort.

Extraordinaire symbole de ce que fut l'exil arménien.

# P comme…

Parmentier, Pawlowski, Peugeot, Pezon, Planquette, Pottier

1- Le monument sous lequel repose Antoine PARMENTIER (1737-1813), est bien souvent garni de pommes de terre, ce qui n'est que justice. Sur le côté nord de ce même monument, on peut contempler un joli bas-relief représentant...

*A- un alambic destiné à la distillation de l'alcool de pomme de terre*
*B- les champs de pommes de terre de la plaine des Sablons, près de Paris*
*C- Parmentier lui-même, baisant la robe de Louis XIV*
*D- une série de dessins explicatifs sur la germination de la pomme de terre*

L'agronome et nutritionniste français Antoine Parmentier.
Illust. droits réservés.

1-A.

Le nom de Parmentier est bien sûr associé, depuis et pour longtemps, à ce hachis qui a fait le menu - et parfois le régal - de nos chers écoliers. Un peu réducteur.

1757. Guerre de sept ans contre la Grande Bretagne et la Prusse. Le jeune Antoine, âgé de vingt ans, est fait prisonnier. Et c'est au cours de son incarcération en Allemagne que, fort de ses compétences d'apothicaire, il découvre les qualités nutritives de la pomme de terre.

De retour en France en 1771, il multiplie recherches et expérimentations. Nommé *Apothicaire major de l'Hôtel royal de Invalides*, il travaille notamment sur le remplacement du blé dans la fabrication du pain et rédige un mémoire - récompensé par l'Académie des sciences - sur la pomme de terre.

Mais une loi datant de 1748 interdit la culture du tubercule, jugé nocif et impropre à la consommation... Qu'importe. Parmentier est résolu et il a le soutien du Roi. C'est donc avec l'aval royal qu'il installe une plantation de ce tubercule de la discorde, dans la plaine des Sablons, en 1785.

Le Roi est même tellement convaincu du bien-fondé de l'entreprise et tellement désireux de le faire savoir, qu'il glisse une fleur de pomme de terre à sa boutonnière, et une autre sur la perruque de Marie-Antoinette.

Mais le peuple est perplexe, inquiet même, devant cet aliment qu'on lui a présenté comme un poison. Bref, il s'en détourne. Alors, on fait surveiller les plans de pommes de terre de jour comme de nuit. Par des soldats en armes, et de façon très ostentatoire...

Pour l'homme du commun, la chose devient intéressante. On ne parle plus que de ça, dans les foyers...

La mystérieuse plante doit être bien précieuse pour bénéficier d'une garde aussi rapprochée... D'ailleurs, il se dit que des camarades, revenus d'Allemagne, en auraient mangé en prison. Certains auraient même trouvé ça bon...

Et puis cette faim qui tenaille, ces bouches à nourrir, ce pain qui manque...

Et le pillage de la plaine des Sablons commence, sous l'œil bienveillant et goguenard des sentinelles. La famine est évitée.

Mais Parmentier, c'est encore bien plus que cela. Ses incessants travaux l'amèneront à s'intéresser à la façon de tirer le meilleur parti de plantes comme le maïs, le seigle ou l'opium.

C'est aussi lui qui préconise le premier la conservation de la viande par le froid. C'est encore lui qui améliore la technique des conserves alimentaires par ébullition... C'est enfin grâce aux travaux de Parmentier qu'en 1801 fut créée en France la première raffinerie de sucre de betteraves...

Pharmacien, agronome, nutritionniste et hygiéniste, Parmentier devait apporter une immense contribution au domaine alimentaire.

Ce qui s'appelle avoir la patate.

L'alambic de Parmentier.
Détail de la sépulture.
Illust. droits réservés

2- Gaston de PAWLOWSKI (1874-1933), lui aussi, est difficile à classer. Il faut dire que l'homme avait plus d'un tour dans son sac. Docteur en droit, reporter sportif, écrivain, féru d'innovations et de découvertes, l'homme est resté dans les mémoires pour avoir été…

*A- l'un des créateurs de la science fiction*
*B- l'inventeur du dérailleur pour vélos*
*C- l'auteur d'un livre burlesque sur les nouvelles inventions*
*D- le premier organisateur du Tour de France*

Voyage au pays de la quatrième dimension, de Pawlowski.
Illust. droits réservés.

2-A et C.
Ça, le vélo, il connaît, Gaston. Et il le pratique. C'est même lui qui fonde *l'Union vélocyclopédique de France*. Rien de moins. Mais de là à organiser la Grande Boucle…
Quant au dérailleur, c'est quelques années avant sa naissance qu'il fut inventé, en 1869.
Non, c'est d'abord en tant que pionnier de la science-fiction que l'homme nous intéresse. Son ouvrage *Voyage au pays de la quatrième dimension* est un modèle du genre.
L'auteur y raconte ses voyages dans le futur, faisant la part belle à nombre de thèmes qui deviendront des classiques de la science-fiction : androïdes, reproduction artificielle, biomécanisme… Le tout avec ce sens de l'humour et de la dérision dont il ne se départit jamais.
C'est encore au deuxième degré qu'il faut lire les *Nouvelles inventions* de Pawlowski. Brocardant la société de consommation et du gadget, il tourne en dérision la dictature de la science qui prétend avoir réponse à tout et faciliter la vie au quotidien.
Et de présenter ses inventions à lui, aussi loufoques les unes que les autres, avec un humour totalement décalé mais sur un ton des plus sérieux.
Ainsi, le peigne plein, pour chauves, qui *loin d'écorcher le crâne inutilement, lui donne l'aspect d'un ivoire ancien*, le savon antidérapant, garni de clous, qui ne glissera plus entre les mains, la passoire à un seul trou, ou encore le boomerang français, *taillé de telle sorte qu'il ne peut revenir sur celui qui l'a lancé, évitant ainsi tout risque d'accident…*
Dérision, burlesque, humour caustique, caricature de la société moderne et de ses excès. Un esprit qui n'est pas sans rappeler celui des chroniqueurs du *Canard enchaîné*, hebdomadaire satirique auquel Pawlowski avait collaboré, au sortir de la Grande Guerre.

3- Héritier d'une famille d'industriels francs-comtois spécialisée dans la tannerie, la meunerie, l'horlogerie ou encore les cycles, Armand PEUGEOT (1849-1915) devait créer en 1896 la célèbre entreprise d'automobiles que l'on connaît. Ce que l'on a parfois oublié, c'est que la société Peugeot fut, dès son origine, pionnière en matière sociale. Ses salariés lui doivent en effet la mise en place...

*A- de la journée de dix heures de travail, 30 ans en avance sur la règlementation*
*B- d'une assurance maladie 100 ans avant la création de la Sécurité sociale*
*C- d'un système de caisse de pension pour les veuves*
*D- d'un parc de logements sociaux à bas prix*

Armand Peugeot.
Illust. droits réservés

## 3-A,B,C,D

Dame ! S'il est bien une entreprise qui, en termes de « droits sociaux », fut en avance sur son temps, c'est bien l'entreprise Peugeot. Avant les autos, ce furent les moulins à café, les horloges, les vélos...

Mais toujours dans le respect des hommes, des femmes et de leurs familles. A faire taire toute revendication syndicaliste.

Peugeot, un lion féroce aux griffes acérées ? Une lionne, plutôt. Avec des griffes de velours.

Et tant pis pour le logo rugissant.

4- Pas sûr que tous les amateurs de cirque se souviennent du grand artiste que fut Jean-Baptiste PEZON (1827-1897). Heureusement, une statue est là pour leur rafraîchir la mémoire... Elle montre l'homme en tenue de lumière dans l'exécution de son numéro préféré...

*A*- *debout, fouet à la main, face à un cheval cabré sur ses pattes postérieures*
*B*- *soulevant, tous muscles dehors, une énorme altère au dessus de sa tête*
*C*- *assis sur un monocycle, une quille de jongleur dans chaque main*
*D*- *chevauchant fièrement un lion, dans son numéro de dompteur de fauves*

4-D.
La cravache a disparu, certes, mais on sent le geste précis et le bras autoritaire, comme il sied au dompteur qui sait se faire respecter des fauves les plus féroces. Et si l'éclat pourpre du foulard est quelque peu délavé, la posture altière de Jean-Baptiste Pezon n'a rien perdu de sa superbe. Quant au lion Brutus, il règne sans partage sur la 86$^e$ division.

Pour l'anecdote, c'est ce même Brutus qui servit de modèle au sculpteur Bartholdi pour réaliser le lion de Belfort, statue dont une réplique plus modeste trône fièrement sur la place Denfert-Rochereau à Paris. Postérité féline.

Jean-Baptiste Pezon chevauchant le lion Brutus dans son numéro de dompteur.
Illust. droits réservés.

5- Robert PLANQUETTE (1848-1903). Un nom qui n'évoque sans doute plus grand chose aux musiciens d'aujourd'hui... Et pourtant, l'homme, auteur de nombreuses compositions musicales, connut une très grande notoriété avec une opérette intitulée *Les cloches de Corneville* et dont l'intrigue...

*A- s'inspire d'une vieille légende normande*
*B- célèbre le passage de Jeanne d'Arc en Normandie*
*C- met en scène l'histoire de Guillaume le Conquérant*
*D- relate la guerre de cent ans*

Le médaillon de Robert Planquette surmonté des cloches de Corneville. Détail de la sépulture.
Illust. droits réservés.

5-A.

La Normandie, fin du XVII$^e$ siècle. Après une longue absence, Henri, Marquis de Corneville revient incognito en son domaine et s'éprend de Germaine, une simple paysanne. On ne vous dit que ça.

Leur histoire d'amour va passer par bien des écueils. Mais à la fin, tout s'arrange et les deux amants sont les plus forts. Ils confondent les médisants, déjouent mille mensonges et autant d'intrigues, bravent les fantômes d'un château hanté...

Et puis, qui l'eût cru, Henri épouse Germaine qui se révèle être la Vicontesse de Lucenay. Si si. Le tout au son des cloches de la bucolique bourgade de Corneville.

Et si l'opérette en question est aujourd'hui quelque peu surannée, elle devait, dans les années 1880, valoir à son auteur une immense notoriété.

Mais aussi quelques remarques acerbes... Ainsi, un critique de l'époque, à propos de Planquette:

- *sa partition n'est qu'une réminiscence de polkas, de valses et de rondeaux...*

Peut-être. N'empêche que la réminiscence en question allait connaître un succès populaire inégalé, être traduite dans toutes les langues, et faire ainsi le tour du monde.

Etre critique ou se taire.

6- Eugène POTTIER (1816-1887), encore un nom quelque peu tombé dans l'anonymat... Le compositeur n'en est pas moins l'auteur d'un vibrant chant républicain, intitulé...

**A**- *Le Chant des Partisans*
**B**- *La Marseillaise*
**C**- *La Victoire en chantant*
**D**- *L'Internationale*

Le compositeur Eugène Pottier à sa table de travail.
Illust. droits réservés.

6-D.
Debout, camarades, levons le poing (gauche, tant qu'à faire), et ensemble…
*Ouvriers, paysans, nous sommes*
*Le grand parti des travailleurs*
*La terre n'appartient qu'aux hommes*
*Le riche ira loger ailleurs.*
*Combien de nos chairs se repaissent!*
*Mais si les corbeaux les vautours,*
*Un de ces matins disparaissent,*
*Le soleil brillera toujours!*
*C'est la lutte finale*
*Groupons-nous et demain*
*l'Internationale*
*Sera le genre humain …*

Ecrit en pleine répression de la Commune de Paris, ce chant révolutionnaire allait devenir l'hymne traditionnel - et international - des travailleurs et du mouvement ouvrier.
Traduit dans de nombreuses langues, sa version russe devait aussi servir d'hymne national en URSS jusqu'en 1944.

Sur la tombe de Pottier, un livre de pierre rappelle les titres de ses œuvres.
Illust. droits réservés

# Q comme...
## Quatremère

1- Fils d'un échevin de Paris guillotiné sous la Terreur en 1793, l'orientaliste Marc-Etienne QUATREMERE (1782-1857) entre à l'Académie des Inscriptions à l'âge de 22 ans et sera nommé quelques années plus tard professeur dans les plus prestigieuses écoles de France. Mais ce que l'on retiendra d'abord de sa vie, c'est qu'il...

*A- participa à la campagne d'Egypte, comme secrétaire particulier de Bonaparte*
*B- publia les ouvrages de quelques-uns des plus grands auteurs arabes*
*C- se convertit à l'Islam afin d'épouser une égyptienne*
*D- fit office de traducteur lors de la rédaction de la Description de l'Egypte*

L'orientaliste Quatremère en famille.
Illust. droits réservés

1-B.

Auteur prolifique d'une immense érudition et doté d'une mémoire prodigieuse, Marc-Etienne Quatremère est injustement oublié de nos jours. Car l'orientalisme, qui acquiert avec Napoléon toutes ses lettres de noblesse, lui doit une contribution de tout premier plan. D'abord employé au département des manuscrits de la Bibliothèque impériale, il est bientôt nommé au Collège de France. Belle promotion. Beau début de carrière.

Puis, à la mort de son maître Sylvestre de Sacy, il le remplace à l'Ecole Spéciale des Langues Orientales, institution fondée au sortir de la Révolution afin de promouvoir le commerce et la diplomatie entre la France et les pays d'Orient.

Passionné par les langues et les civilisations anciennes, aucune n'échappe à sa curiosité. L'Arabe, le Persan, le Copte, l'Hébreu... Et puis aussi le Turc et le Syriaque... Et Quatremère accumulera ainsi une gigantesque bibliothèque personnelle de plus de 50 000 ouvrages, traités, dictionnaires... bibliothèque qui, à sa mort, fut achetée par le Roi de Bavière.

Et l'homme de poursuivre ses recherches sur la langue copte, de rédiger maints ouvrages sur la géographie de l'Egypte, de dresser les lexiques de diverses langues, de traduire l'histoire des Mongols, celle des sultans Mamelouks... Et de publier l'un des textes arabes les plus célèbres, les *Prolégomènes* - en Arabe al-Mouqaddima - vaste ensemble encyclopédique rédigé par le grand érudit arabe du XIVe siècle, Ibn Khaldoun.

Et si le nom de Quatremère résonne encore aujourd'hui dans les murs de l'Institut National des Langues et Civilisations Orientales, pas une rue de Paris, pas un square de quartier, pas une station de métro ne lui rendent le moindre hommage.

La postérité est ingrate, il nous semble l'avoir déjà fait remarquer.

# R comme...
## Raucourt (la), Robertson, Rodenbach

1- Un personnage haut en couleurs, que celui de La RAUCOURT (1756-1815), l'une des plus célèbres tragédiennes de l'Ancien Régime. Une personnalité fort controversée, aussi. Ses funérailles elles-mêmes allaient donner lieu à polémiques et incidents. Sans doute se souvient-on qu'en cette circonstance…

*A- la foule s'en prit au curé qui refusait de célébrer son office funéraire*
*B- le directeur de l'Académie française s'opposa à ce qu'elle fût inhumée au Père Lachaise*
*C- le Tsar de Russie exigea que sa dépouille fût ramenée à Moscou*
*D- Louis XVIII provoqua une émeute populaire en faisant saisir les biens de l'actrice*

Buste en marbre de La Raucourt, par Augustin Pajou. 1789.
Illust. droits réservés.

1-A.
Pour l'état civil, il s'agit de Françoise-Marie Saucerotte. Mais c'est sous le pseudonyme de La Raucourt qu'elle allait entrer à la postérité. Et par la grande porte.
Il faut dire que la dame a une personnalité sulfureuse qui ne fit pas que des admirateurs. Pensez, elle est lesbienne, et se revendique comme telle. En cette fin de XVIII$^e$ siècle…
Pourtant, les lazzis et quolibets n'auront guère de prise sur elle. Forte de son talent et d'une beauté que chacun s'accorde à juger exceptionnels, elle cherche à se faire un nom dans le monde du spectacle. Mais le succès se fait attendre. Mener grand train dans ces conditions…
Bientôt, ce sont les dettes qui s'accumulent, les créanciers qui frappent à sa porte. Elle part pour la lointaine Russie où le succès, enfin, est au rendez-vous. Assurée du soutien de Marie-Antoinette, elle revient à Paris en 1779 comme sociétaire de la Comédie française. Puis c'est la Révolution. La Raucourt, qui ne fait pas mystère de ses sentiments royalistes, est emprisonnée pendant la Terreur. On ne donne pas cher de sa peau.
Elle est sauvée par le coup d'état du 9 Thermidor, et réintégrée à la Comédie française. Napoléon, grand admirateur de ses talents, lui accorde une confortable pension et lui confie la direction des théâtres français en Italie. Belle fin de carrière.
Puis, devenue vieille, obèse et riche, elle consacrera le restant de ses jours et sa grande fortune à venir en aide aux nécessiteux, à assister les plus démunis.
Le jour de ses funérailles, le curé de Saint-Roch refuse catégoriquement de célébrer les obsèques. Les comédiens n'ont pas bonne presse auprès de l'Eglise, on le sait depuis longtemps. Et puis, ces comportements contre nature… Pas de sacrement pour ces gens-là. *Allez-vous-en ! Tantôt, vous souillerez la paroisse…*
Les parents et amis se résignent. Pas le peuple.
Le peuple qui se souvient de la tragédienne et de la misère dont l'avait soulagé cette *Mère des pauvres*.
Le corbillard déjà fait route vers le Père Lachaise, mais on s'interpose. Ca ne se passera pas comme ça. Demi-tour, direction Saint Roch. On se saisit du cercueil, que l'on porte avec autorité devant l'autel, avec force vociférations contre l'Eglise et ses représentants.

Tout cela au grand dam du curé, retranché dans la sacristie, qui refuse obstinément de se plier à la revendication populaire…

C'est l'émeute dans toute la paroisse. Une patrouille de police est même dépêchée sur place pour rétablir l'ordre. Enfin, bien à contre cœur, le vicaire se range à la volonté du peuple. Il dira ce qu'il faut dire et rendra les derniers sacrements.

Et c'est une foule immense et soulagée qui accompagne la *Mère des pauvres* vers sa dernière demeure, au Père Lachaise.

Ainsi soit-il.

2- Etienne-Gaspard Robert plus connu sous son pseudonyme d'Etienne ROBERTSON (1763-1837), est une personnalité dont la sépulture est à l'image de sa vie: singulière. Le personnage est même certainement l'un des plus sulfureux de la nécropole. Pas sûr toutefois que les passants qui photographient le monument se souviennent qu'il fut...

*A- l'astrologue particulier de Napoléon III*
*B- le comédien préféré de l'Impératrice Eugénie*
*C- un savant qui perfectionna la technique du parachute*
*D- un magicien, créateur de la fantasmagorie*

Détail de l'incroyable
sépulture de Robertson.
Illust. droits réservés

2-C et D.
Ça, pour être originale, la tombe de Robertson...
Difficile de faire mieux dans le genre. Ce ne sont qu'animaux ailés, créatures terrifiantes, crânes, chouettes... Il y a aussi des squelettes drapés dans de lugubres linceuls, une foule épouvantée. Et même un squelette trompettiste ailé, en plein vol.
Le tout bien en hauteur et bien visible. Sur l'autre côté, changement de décor. D'élégantes dames et de beaux messieurs endimanchés assistent avec ravissement, longue vue à la main, à l'ascension d'une montgolfière. Dans la discrétion, on fait mieux.
Il faut dire que le personnage est difficile à classer. A la fois peintre, dessinateur, physicien, aéronaute, opticien, mécanicien...
Mais c'est d'abord à ses expériences fantasmagoriques qu'il doit sa notoriété, Robertson. A ses dons de mystificateur un rien escroc, aussi. En ce début de XIX$^e$ siècle où la science ne s'est pas encore affranchie d'une part de mysticisme et de magie, il joue à merveille de la crédulité du public, frappé par l'environnement visuel, sonore et olfactif dans lequel se déroulent les séances.
Dans les spectacles qu'il organise, l'illusion est reine. Une salle sombre, tapissée de noir et mal éclairée... un décor lugubre ... un écran de fumée... quelques miroirs... Et au beau milieu de la scène le Maître fait surgir des squelettes animés, des figures grimaçantes, des crânes ailés, des personnages bibliques...
Et aussi les visages de Marat, Robespierre ou Danton, qui hantent encore tous les esprits. Le public est saisi d'effroi, épouvanté, même, mais il en a pour son argent.
Bientôt, pourtant, les trucages qu'il a mis au point sont éventés et repris par d'autres. La concurrence fait rage et avec la fin du monopole, ce sont les recettes qui s'envolent en fumée.
Il est temps de passer à autre chose. Car l'homme a plus d'un tour (de magie) dans son sac.
Autre chose, ce sera l'aéronautique. Reconversion réussie. Dès lors, Robertson multiplie les ascensions et les expériences un peu partout en Europe, jusqu'à Saint-Petersbourg. Tantôt, il s'agit de procéder à de savantes observations sur le magnétisme ou l'électricité, tantôt, de perfectionner la technique du parachute.
Comme ce jour de 1806, à Stockholm, où il jette par dessus bord un animal équipé d'un tel dispositif...
Inclassable, Robertson.

3- Difficile de rester indifférent devant la dernière demeure de Georges RODENBACH (1855-1898), écrivain belge révélé au public en 1892 par son roman *Bruges la morte*.
Sur ce monument particulièrement original, on peut voir...

**A**- *une pyramide renversée où sont gravés en lettres d'or les symboles des Rose-Croix*
**B**- *une reproduction grandeur nature du menneken-pis de Bruxelles*
**C**- *une statue de l'auteur, soulevant sa propre pierre tombale une rose à main*
**D**- *une figure féminine, allégorie de la ville de Bruges, tenant un sablier et un compas*

Le romancier belge
Georges Rodenbach.
Illust. droits réservés.

3-C.
La statue est saisissante de réalisme.
D'aucuns objecteront que le côté: polichinelle-mort-vivant-qui-jaillit-de-sa-boîte peut être jugé morbide et d'un goût, disons... douteux. Très douteux même.
Reste à espérer que l'ami Georges avait plus de succès auprès des femmes de son vivant. Car rares sont aujourd'hui les belles qui se précipitent pour aller respirer le parfum de cette rose d'outre tombe que notre romantique leur tend pourtant si tendrement.
Et avec un rictus...

Le même, sortant de sa tombe une rose à la main.
Illust. droits réseervés.

# comme...

## Saqui, Schoelcher, Sèze (de), Sivel, Smith

1- Et de Madame SAQUI, (1786-1866) qui se souvient? Et si l'on vous dit qu'elle fut acclamée par deux empereurs, deux rois, et par des foules entières ? Et si l'on ajoute qu'elle excella dans un domaine jusque là plutôt réservé aux hommes ? Alors, peut-être, vous souviendrez-vous que la dame s'illustra pour avoir été...

**A**- *acrobate de rues*
**B**- *dompteuse de fauves au cirque Franconi*
**C**- *prestidigitatrice au Cirque d'hiver*
**D**- *chef d'orchestre à l'Opéra Garnier*

La bien modeste sépulture de Madame Saqui.
Illust. droits réservés

1-A.

De la sépulture de Madame Saqui, née Marguerite-Antoinette Lalanne, il ne reste à vrai dire pas grand chose. Une colonne sans inscription et une misérable pierre tombale, anonyme, mal entretenue et partiellement recouverte de mousse. C'est tout. Pas un nom, pas une date. Et c'est en vain que le promeneur, pour peu qu'il remarque la tombe, trouverait là un mot, un seul, pour évoquer cette femme qui, dans un univers réservé aux hommes, avait su s'imposer comme l'une des plus grandes artistes de son temps.

Madame Saqui, danseuse de corde et acrobate. Art populaire s'il en est. Sûr qu'elle connaît son métier, Marguerite, et pas depuis hier. Gamine déjà, elle suit ses parents qui parcourent les foires et les marchés de France. Entre le marchand ambulant, le rémouleur et le bonimenteur, elle ne tarde pas à se faire une place et à rôder son talent. Deux tréteaux, un balancier, une corde, et la voilà qui multiplie les acrobaties et les exercices périlleux qui émerveillent le public.

Mais c'est Paris qui l'attend. Paris, où elle rencontre Pierre Saqui, qu'elle épousera vers 1805. Paris qui la porte en triomphe. Sur sa corde raide, elle joue, seule, les grandes pages de l'Empire. Le passage du Mont Saint Bernard, la bataille de Wagram, la prise de Saragosse…

Mais la concurrence est là, qui menace, et Madame Saqui doit chercher fortune ailleurs. Ce qu'elle fait, en allant se produire en province, d'abord, puis à Gand, Bruxelles ou Liège, avec toujours le même succès. En 1816, elle anime une salle sur le boulevard du Temple, le Théâtre de Madame Saqui. Puis, ce seront de nouveaux voyages, dans d'autres continents. De nouvelles rencontres aussi, de nouveaux publics, de nouveaux spectacles.

Et Madame Saqui continuera d'exercer son art jusqu'en 1861. Elle avait alors soixante-quinze ans.

Sous vos applaudissements…

2- Le magnifique haut-relief qui honore la mémoire de Victor SCHOELCHER (1804-1893) est un cénotaphe, les cendres de ce dernier ayant été transférées au Panthéon en 1949. Au fait, quel mérite lui valut-il cet honneur posthume ?

*A- Il fut à l'origine de l'abolition de l'esclavage*
*B- Il se distingua par son héroïsme lors de la guerre de 1870*
*C- Avec Emile Zola, il fut le plus ardent défenseur du Colonel Dreyfuss*
*D- Il fit voter la première loi française règlementant le travail des enfants*

Victor Schoelcher en compagnie d'un ouvrier de sa manufacture de porcelaine. Détail du cénotaphe.
Illust. droits réservés.

2-A.

C'est en fait l'Abbé Grégoire qui, le 16 pluviôse de l'an II (4 février 1794), fut le premier à abolir l'esclavage. Mais la pratique fut bientôt rétablie, par la loi que fit voter Napoléon le 20 mai 1802. Tout était à refaire...

Fils unique issu d'une famille alsacienne bourgeoise dont le chef est propriétaire d'une manufacture de porcelaine prospère, rien ne prédestine le jeune Victor à cet engagement en faveur de l'abolition de l'esclavage qui allait le faire entrer au Panthéon. En 1828, son père l'envoie en qualité de représentant commercial de l'entreprise familiale pour une mission de deux ans au Mexique, aux Etats Unis et à Cuba. Il en revient révolté par les conditions de travail et d'exploitation des esclaves. De retour en France, il devient journaliste, adhère à différentes loges maçonniques et à la Société pour l'abolition de l'esclavage. A la mort de son père, en 1832, il hérite de la manufacture... qu'il vend aussitôt pour se consacrer à son combat. Un nouveau voyage dans les colonies le renforce dans ses convictions et l'incite à aller de l'avant, vers une abolition totale et immédiate de cette pratique d'un autre âge. En 1848, il est élu sur les rangs de gauche député de Martinique et de Guadeloupe. Et c'est le 27 avril de cette même année que, nommé sous secrétaire d'Etat à la Marine et aux Colonies, il fait adopter le décret sur l'abolition définitive de l'esclavage. Républicain convaincu, défenseur des droits de la femme, adversaire de la peine de mort, il est proscrit sous le second Empire. C'est le temps de l'exil. Ce sera l'Angleterre, où il se liera d'amitié avec Victor Hugo. Après l'abdication de Napoléon III, il rentre en France où, il est réélu député de la Martinique, puis sénateur inamovible en 1875. Deux ans plus tard, Victor Schoelcher dépose une de loi pour interdire la bastonnade et les peines corporelles dans les bagnes, proposition qui sera d'abord refusée par la commission d'initiatives, puis adoptée en 1880.

3- La longévité de Raymond de SEZE (1748-1828) allait faire de lui le témoin privilégié d'une époque riche en événements et en expériences politiques : royauté, révolution, empire, restauration, cent jours… Un témoin, mais aussi un acteur, puisque l'homme restera dans l'histoire pour avoir…

***A****- assuré la défense de Louis XVI lors de son procès*
***B****- été le conseiller de Marie-Antoinette dans l'affaire dite du collier de la Reine*
***C****- mis en place les sinistres Tribunaux révolutionnaires avec Fouquier Tinville*
***D****- organisé l'évasion de Bonaparte de l'île d'Elbe et son retour sur Paris lors des cent jours*

Raymond de Sèze.
Illust. droits réservés.

3- A et B.
Il est des actes de bravoure qui forcent le respect. Car du courage, il en fallait, en ces temps post révolutionnaires, pour prendre la défense d'un roi dont beaucoup exigeaient la tête... D'autres ont connu l'échafaud pour moins que ça...

Et en ce 26 décembre 1792, Raymond de Sèze assuma avec courage l'improbable défense de Louis Capet, devant la Convention, aux côtés de Malesherbes et de Tronchet. *Je cherche parmi vous des juges et je ne vois que des accusateurs*, lança t-il lors du procès... Et c'est en lettres capitales que le monument funéraire édifié à sa mémoire rappelle les faits. Reste que malgré l'éloquence et le zèle du brillant magistrat, la royale tête finit bien par rouler dans la sciure...

Le Roi est mort, vive la République ! Ephémère, la République, éphémère... Quant à Raymond de Sèze, il fut arrêté puis détenu près de deux ans, avant de recouvrer la liberté. Et de renouer avec les honneurs. Ainsi, son épitaphe précise-t-elle encore qu'il fut tour à tour nommé Président de la Cour de Cassation, puis Pair de France, avant d'intégrer l'Académie française et d'être élevé au titre de Comte par le Roi Louis XVIII.

Mais ce que l'épitaphe ne rappelle pas, c'est que Raymond de Sèze avait déjà joué un rôle de conseiller de Marie-Antoinette, quelques années avant la Révolution, dans la rocambolesque affaire dite du *collier de la Reine*. Affaire qui mérite d'être remise en mémoire.

Nous sommes en 1785. La Comtesse Jeanne de la Motte - titre que Madame s'est attribué sans vergogne - rencontre le cardinal de Rohan, évêque de Strasbourg. L'homme est riche, et un rien naïf. Madame la Comtesse se lie également d'amitié avec un certain Joseph Balsamo, sorte de mage sulfureux, qui gravite autour du cardinal et lui extorque de jolies sommes d'argent, en échange de prétendus miracles...

Or, il se trouve que ledit cardinal est en délicatesse avec la Reine et qu'il n'a de cesse d'espérer une réhabilitation. Heureusement, Jeanne est là. Elle parvient sans peine à convaincre le prélat qu'elle est de longue date l'amie intime du couple royal et qu'elle a l'oreille de Marie-Antoinette... Fort opportunément, l'amant de Jeanne - parce que Jeanne a un amant - est doué d'incomparables talents de faussaire et qu'il imite à la perfection l'écriture de Marie-Antoinette...

Et c'est ainsi que le couple, illégitime et diabolique, entretiendra une correspondance factice entre le cardinal et la Reine, correspondance, vous l'aurez compris, sur fond de réconciliation. Jeanne, elle, se charge de remettre les missives aux intéressés, en échange, cela va sans dire, d'une reconnaissance sonnante et trébuchante.

Impatient de finaliser son retour en grâce, le cardinal demande avec insistance à Jeanne ce rendez-vous que la Reine a moult fois promis puis ajourné. Et pour cause… On se tourne alors vers une certaine Nicole d'Oliva, prostituée de son état, qui, moyennant rémunération, accepte de jouer le jeu et de se faire passer pour la Reine. Rendez-vous est pris, le 11 août 1784, à 23 heures devant le bosquet de Vénus. Dans les jardins de Versailles, s'il vous plaît. Tant qu'à faire…

Le cardinal est là, Nicole aussi, le visage enveloppé dans une gaze légère. On échange amabilités, promesses et présents. Mais bien vite Jeanne la Comtesse interrompt les galantes effusions.

- *Juste ciel! Voici les belles-sœurs de la Reine qui viennent par ici goûter à la fraîcheur de ce doux soir d'été. Remettons nos affaires à plus tard...*

Le tête-à-tête est écourté, certes, mais la confiance du cardinal est renforcée…

A quelques semaines de là, Jeanne la Comtesse rencontre un joailler, heureux propriétaire de quelques bijoux de grande valeur. Vite, elle flaire l'aubaine et déclare au bijoutier que la Reine désire faire l'acquisition du plus cher de ses colliers… Jeanne précise encore que, pour d'évidentes questions de discrétion, l'achat devra se faire par un prête-nom…

Le cardinal de Rohan ne tarde pas à recevoir une lettre en ce sens… Il sera le prête-nom.

D'autant plus que Balsamo - vous savez, le mage - s'en mêle et promet monts et merveilles au prélat pour peu que ce dernier accède au désir de Marie-Antoinette… Sitôt dit, sitôt fait! Le cardinal signe les traites et se fait livrer le collier. Il le confie à Jeanne qui, à son tour, le remettra sous peu à la Reine. En toute innocence, et bien persuadé que Sa Majesté va le rembourser sans délai… Grave erreur.

Le bijou est aussitôt démantelé et ses pierres vendues par les sbires de la Comtesse.

Reste que le bijoutier apprécie modérément les atermoiements du cardinal qui renâcle à honorer ses dettes. Alors, sans crier gare, il se rend chez la royale épouse pour demander son dû.

Marie-Antoinette tombe des nues ! Rendue publique, l'affaire fait grand bruit. Le cardinal, comme le corbeau de la fable, comprend, mais un peu tard, qu'il a été berné… Il est arrêté, puis emprisonné à la Bastille, puis jugé, et enfin acquitté.

Et c'est l'humiliation pour Marie-Antoinette. Car en lavant le cardinal de tout soupçon, le tribunal laissait par là même entendre que la Reine n'était pas aussi étrangère à l'affaire qu'elle voulait bien le clamer… Il n'en fallait pas plus pour alimenter les rumeurs sur cette Reine si intrigante et dispendieuse…

Quant à la Comtesse de la Motte, elle fut elle aussi arrêtée, jugée et emprisonnée. Elle fut de surcroît marquée au fer rouge sur les deux épaules de la lettre V de voleuse… Mais la dame, qui avait de la répartie, parvint à s'évader et à gagner clandestinement Londres d'où elle rédigea un ouvrage où elle relata sa version des faits… en accablant la reine Marie-Antoinette…

Abracadabrantesque !

L'histoire permit cependant à notre Raymond de Sèze de faire état de ses talents de conseiller et de s'assurer la confiance du couple royal. Une relation privilégiée qui, on l'a vu, allait l'amener quelques années plus tard à prendre la défense du dernier des Bourbons.

Avec le succès que l'on sait.

L'intrigante Jeanne de la Motte, principale protagoniste de l'affaire du collier de la Reine.
Illust. droits réservés.

4- Un magnifique double gisant rappelle, texte à l'appui, que l'officier de marine Théodore SIVEL (1834-1875), accompagné du journaliste Joseph Croce-Spinelli périrent ensemble dans des circonstances dramatiques, victimes d'une invention qui devait leur être funeste. Il s'agissait...

*A- d'un ballon dirigeable devenu incontrôlable*
*B- d'un prototype de sous-marin qui sombra au large de Marseille*
*C- d'une locomotive qui s'emballa avant de dérailler et de tomber d'un pont*
*D- d'un excavateur de mines qui explosa 60 mètres sous le niveau du sol*

L'officier de marine Théodore Sivel.
Illust. droits réservés.

4-A.

Le ballon était l'œuvre de l'aérostier français Gaston Tissandier. Féru de sciences et de techniques, l'inventeur a mis au point un dirigeable, le *Zénith*, avec lequel il a déjà établi un nouveau record de durée en vol: 22 heures et 40 minutes.

Mais ce 14 avril 1875, ce n'est plus la distance, que Tissandier veut éprouver, mais le comportement du ballon en haute altitude... Car il s'agit d'aller plus haut que les 7300 mètres précédemment atteints. Accompagné de ses deux acolytes, Sivel et Croce-Spinelli, l'aéronaute embarque. Puis le ballon s'élève, haut, très haut dans le ciel. Tout se passe comme prévu, l'ascension peut se poursuivre. Le record est maintenant à portée de ballon. Encore quelques minutes, et leurs trois noms entreront dans l'histoire de l'aéronef. Déjà, on s'embrasse et on se congratule dans la nacelle.

Ephémères instants de joie. Car Tissandier a mal calculé les choses... Et la lettre du docteur Paul Bert, qui les avertissait de la nécessité d'emporter des réserves d'oxygène plus importantes, ne leur parvient pas à temps...

Les trois hommes commencent à ressentir des vertiges, sont pris de malaise, suffoquent, puis s'évanouissent dans la nacelle devenue incontrôlable. Le *Zénith* finit par redescendre, puis s'écraser brutalement au sol, dans l'Indre. Seul Tissandier échappe à la mort. Ce n'est pas ainsi que l'entrée dans la postérité était programmée.

Pour la petite histoire, on retiendra que lors de son vol d'inauguration, le *Zénith* était parti de la porte de la Villette. Pas sûr que les amoureux de musique qui fréquentent la salle du même nom, au même endroit, aient tous fait le rapprochement.

**5- Sidney SMITH (1764-1840).** *Cet homme m'aura fait perdre ma fortune dira de lui Napoléon.* Il faut dire que l'amiral, qui vécut une existence hors du commun, devait donner bien du fil à retordre aux armées napoléoniennes. Il s'est entre autres illustré pour avoir...

*A- fomenté un complot en faveur du Roi lors de l'évasion de l'ile d'Elbe*
*B- fait main basse sur l'artillerie napoléonienne lors de la campagne d'Egypte*
*C- incendié une grande partie de l'arsenal de Toulon*
*D- organisé sa propre évasion dans des conditions rocambolesques*

Le fougueux Sydney Smith en pleine action.
Illust. droits réservés

5- B, C et D.
Ah ! Il en fait voir, Sidney Smith, à l'armée française…
A peine les forces anglaises évacuées de la rade de Toulon, en 1793, qu'il se glisse dans la ville et brûle tout sur son passage, vaisseaux, frégates, magasins, arsenal…
Quelques années plus tard, c'est au Havre qu'il pénètre, où il détruit un vaisseau français. Il ne fait pas bon flâner sur les quais… Fort heureusement, il est fait prisonnier. L'honneur est sauf et la guillotine bien rôdée.
C'était sans compter avec l'ingéniosité du personnage… Avec l'aide de complices bien placés, il fait rédiger un vrai-faux ordre d'élargissement. Déjà! Et Sidney est tout aussitôt remis en liberté.
Il va s'en aller couler des jours heureux dans sa Grande Bretagne natale, pensez-vous. Que nenni !
Car maintenant, le Premier Consul pérore sous le soleil des pyramides de Guizeh, dans cette Egypte si convoitée par Français et Britanniques.
Sidney n'est pas loin. Il guette, tapi dans le Bosphore, attendant son heure comme l'aigle sa proie. Et puis, sans crier gare, il ordonne l'assaut et s'empare sans coup férir de l'artillerie convoyée par l'armée française destinée à renforcer l'armée napoléonienne.
Ces armes, des armes françaises, il les utilisera pour défendre avec succès la ville de Saint Jean d'Acre assiégée par Bonaparte.
Amère défaite du Premier Consul, contraint de lever le siège et de se replier à travers le désert jusqu'au delta du Nil.
Bien sûr, il y eut cette revanche navale, dans la rade d'Aboukir, où la flotte ottomane, conduite par Smith, est mise en déroute. Mais l'amiral anglais a juste le temps de sauter dans une chaloupe et de disparaître au large. Rageant!
Le 24 janvier 1800, c'est le même Smith qui, en position de force, négocie avec Kléber la Convention d'El-Arich qui fixe les conditions du départ des Français. Smith se montre d'un esprit chevaleresque tout britannique, forçant le respect de ses ennemis d'hier. Le texte signé est même favorable à la France. Il permet à l'armée napoléonienne de sauver la face et de quitter la vallée du Nil avec armes et bagages.

Dans ses mémoires, à propos du camouflet de Saint Jean d'Acre, Napoléon avouera :
*Oui, si je m'étais emparé de la ville, je prenais le turban, je faisais mettre de grandes culottes à mon armée, j'en faisais mon bataillon armé, mes immortels... C'est par des Arabes, des Grecs, des Arméniens que j'eusse achevé ma guerre contre les Turcs. Je me faisais Empereur d'Orient et je revenais à Paris par Constantinople...*
On en tremble encore.

Le médaillon du malicieux Sydney Smith.
Détail de la sépulture.
Illust. droits réservés

# T comme…

## Talma, Théry, Thomas

1- Unanimement reconnu comme l'artiste dramatique le plus talentueux de son époque, François-Joseph TALMA (1763-1826) eut aussi le privilège d'être promu *acteur préféré de Napoléon*. Et pourtant... Bousculant les conventions les mieux établies, l'artiste devait en choquer plus d'un en...

*A- improvisant sur scène des répliques acerbes contre l'Eglise*
*B- incarnant des personnages romains les jambes et les bras nus*
*C- usant de la scène comme d'une tribune anti royaliste*
*D- affichant ouvertement sa liaison avec la femme d'un dignitaire de l'époque*

Talma, dans le rôle de Cinna.
Illust. droits réservés.

1-B.
Excès de zèle? Goût pour la provocation? Certitude d'avoir le soutien de l'Empereur? Toujours est-il que Talma n'avait cure des usages de l'époque, pas plus que de la bienséance politique.
Entré à la Comédie française en 1787, il joue d'abord les grands classiques : *Brutus, La mort de César...* Puis il tient le rôle principal dans *Charles IX*, une œuvre de Chénier qui fait scandale et dont Camille Desmoulins dira : *Charles IX a fait davantage pour la Révolution que les journées d'octobre 1789.* Il parlait en connaissance de cause...
L'Eglise fait interdire les représentations, mais la pièce est jouée malgré l'interdiction. Le ton monte, la troupe se divise entre partisans et détracteurs de Talma. Et le public de prendre parti.
Bientôt l'acteur est exclu de la Comédie française pour ses prises de position publiques. De plus en plus, Talma s'engage politiquement. Et s'il n'éprouve guère d'affinités pour Robespierre, il se lie d'amitié avec un jeune militaire: Bonaparte.
Réintégré à la Comédie française en 1799, il renoue avec les grands rôles: *Cinna, Le Cid...* Le succès populaire est au rendez-vous. L'admiration de l'Empereur, aussi. C'est à cette époque qu'on lui prête une liaison avec Pauline, la jolie sœur de Napoléon.
Fort de la critique qui, unanime, salue son talent, Talma continue d'innover, au risque de choquer une partie de son public. Car il veut jouer les personnages vêtus tels qu'à leur époque et non selon la mode de ses contemporains. C'est ainsi qu'il laissera la perruque au vestiaire et incarnera sur scène des personnages romains illustres, dans des costumes laissant paraître jambes et bras dénudés.
Et puis cette manière grotesque de déclamer les vers tragiques...
Les âmes bien nées crient au scandale.
Mais il se murmure en coulisse que l'Empereur apprécie...
Alors...
A la mort de Talma, le tout Paris assista à ses funérailles. On laisse le dernier mot à Jules Janin, écrivain et critique dramatique de l'époque: *Quelle leçon la mort donne aux citoyens obscurs, lorsqu'elle frappe ceux à qui des vertus ou des talents immenses avaient presque donné le droit de demander pour eux une exception dans les lois de la nature.*
N'exagérons rien.

2- Au cœur de la 91ᵉ division du cimetière, la sépulture du champion automobile Léon THERY (1879-1909) ne passe pas inaperçue. On y voit le buste grandeur nature de notre pilote, moustachu et souriant, au volant de son bolide, casque et lunettes sur le crâne.
Original hommage pour celui qui remporta...

*A- le premier raid Paris-Pékin, en 1907*
*B- le grand prix de France, au Mans, en 1906*
*C- la coupe Gordon Bennett en 1904 et 1905*
*D- la course sur circuit de Rhode Island (USA), en 1904*

Léon Théry au volant de sa Richard-Brasier. Détail de la sépulture.
Illust. droits réservés

2-C.

En 1899, le richissime propriétaire du New-York Herald, James Gordon Bennett, un passionné d'automobile propose aux automobile-clubs d'organiser une course d'un genre inédit. Un prix international avec des équipes nationales. Chaque année, l'organisation de l'épreuve sera confiée au pays vainqueur de la course précédente. Les pays participants seront représentés par trois pilotes chacun.

L'affaire est lancée, et sur les chapeaux de roue. En quelques années, la *Coupe Gordon Bennett* s'imposera comme un événement sportif de portée mondiale.

17 juin 1904. L'épreuve en est à sa cinquième édition et se déroule en Allemagne, en présence de l'Empereur Guillaume II lui-même. Un circuit de 127 km dans le massif du Taunus, à parcourir quatre fois, soit un total de 508 km.

Six nations sont en lice. L'Allemagne, l'Autriche, la Belgique, l'Italie, la Grande Bretagne et la France, représentée par Léon Théry, sur une Richard-Brasier.

Le pilote allemand, Fritz Opel, créateur de la marque du même nom fait la course en tête, suivi comme son ombre par la Fiat de l'Italien Vincenzo Lancia qui, deux ans plus tard, fondera lui aussi sa propre enseigne d'automobiles. Le Belge Augières et le Britannique Girling ne sont pas bien loin. Théry est en embuscade et attend prudemment l'heure de passer à l'attaque. Pas de ravitaillement possible, il faut économiser le carburant et ménager la machine. Dernier tour de circuit. Girling s'arrête. Panne sèche. Opel fait une sortie de route dans un tournant mal négocié. Pour lui aussi la course est finie.

C'est le moment que choisit le coureur français pour attaquer. Dans cette longue ligne droite où il lâche les 80 chevaux de son bolide, dépassant sans coup férir Lancia et Augières.

Et c'est en héros qu'il triomphe, lancé à près de 100 km/h. La France peut être fière. C'est elle qui organisera la prochaine course. Celle-ci a lieu le 5 juillet 1905 sur un circuit concocté par les frères Michelin, du côté de Clermont-Ferrand.

Mêmes pays participants, avec en plus les Etats-Unis, bien décidés à ramener outre-Atlantique cette coupe imaginée par l'un des leurs.

Il fait chaud dans le Massif Central, en ce début juillet. Très chaud. Qu'importe. Ils sont plus de 80 000 à se presser sur le bord de la route pour apercevoir les bolides et applaudir les héros. Et puis, il faut faire honneur à notre Léon national.

Le parcours, très technique, fait la part belle aux côtes sinueuses d'Auvergne. Mais pas le temps de s'attarder pour regarder le paysage. La course est haletante. Dépassements, pannes, crevaisons et sorties de route se multiplient. Le spectacle tient toutes ses promesses, le public exulte.

Et c'est une nouvelle fois Théry qui franchit en vainqueur la ligne d'arrivée. Une victoire acquise de haute lutte, juste devant les deux voitures américaines restées en course. Ce sera la dernière des six éditions de l'épreuve.

Victorieuse à quatre reprises en tout (1900, 1901, 1904 et 1905) la France se voit remettre définitivement le trophée Gordon Bennett. Cocorico!

Glorieux exploits quelque peu oubliés aujourd'hui… Heureusement, un timbre et une médaille, édités en 2005 pour en commémorer le centenaire, sont là pour nous les remettre en mémoire…

Pour la petite histoire, on se souviendra que c'est à l'occasion de la course de 1905 que Michelin éditera sa première carte routière à l'échelle de 1/100 000.

Celle du parcours de l'épreuve, bien sûr.

3- L'imposant monument érigé à la mémoire de Clément THOMAS (1809-1871) et de Claude LECOMTE (1817-1871) ne passe pas pour un modèle d'élégance architecturale. Toujours est-il qu'on peut y lire que les deux hommes ont été exécutés, sans que le texte ne précise ni par qui ni dans quelles circonstances. L'occasion de rappeler que Thomas et Lecomte tombèrent sous les balles…

*A- de l'armée française, après un procès pour haute trahison*
*B- de l'armée de Bismarck qui les avait faits prisonniers*
*C- d'un illuminé qui s'était trompé de cible*
*D- des Fédérés, au tout début de la Commune*

Une femme qui symbolise la France sur le monument dédié à Thomas et Lecomte.
Illust. Droits réservés.

## 3- D.

Septembre 1870. Après la défaite de Sedan et l'abdication de Napoléon III, les armées prussiennes assiègent Paris. Coupée du reste du pays, la capitale va bientôt subir les rigueurs d'un hiver exceptionnel et d'une famine sans précédent.
Les commerces de bouche sont littéralement pris d'assaut. Les prix flambent. La viande, les conserves, le pain, sont devenus inaccessibles. Les boulangers vendent un pain noir de composition douteuse. Pour survivre, on commence à abattre des chevaux. On mange même du chat, du chien, des rats. Puis ce sont les animaux du Jardin des Plantes qui sont sacrifiés. Dans les restaurants de luxe, on sert de l'antilope, du chameau, de l'éléphant...
Les habitants sont privés de bois et de charbon, et sans gaz, les rues sont plongées dans l'obscurité dès la tombée de la nuit... Pour éviter toute confrontation directe avec une population en état de quasi-insurrection, le gouvernement de Thiers s'installe à Versailles.
L'heure est grave. Le souvenir des révoltes populaires de juillet 1830 et de juin 1848 hante encore toutes les mémoires...
Face à cette rue qui ne cesse de gronder, il devient urgent d'agir et de rétablir l'autorité gouvernementale sur la capitale. Décision est donc prise d'envoyer la troupe pour récupérer les armes destinées aux Parisiens pour défendre la ville. Deux cent vingt sept canons et près de cinq cent mille fusils, entreposés sur les hauteurs de Belleville et de Montmartre...
Mais le peuple de Paris ne l'entend pas de cette oreille... Blessé dans son orgueil par l'humiliante capitulation de Thiers face à Bismarck, il refuse la reddition et, plus encore, la restitution des armes.
Nous sommes le 18 mars 1871. C'est dans ce contexte explosif que le gouvernement confie au colonel Clément Thomas une mission d'éclaireur...
Habillé en civil, il est chargé de repérer l'emplacement des barricades que les habitants des quartiers en ébullition s'activent à dresser pour protéger leur précieux arsenal.
Mais rien ne se passe comme prévu. Bientôt, Thomas est reconnu. Il faut dire que depuis les émeutes de 1848 qu'il a réprimées dans le sang, son visage est connu de tous...

Aussitôt, il est arrêté et emprisonné. On verra plus tard le sort qu'il convient de lui réserver…

Lecomte, lui, se voit confier le côté militaire des opérations. A la tête d'une importante brigade et fort des précieux renseignements fournis par Thomas, c'est à lui d'investir les lieux, de désarmer la population et d'arrêter les insurgés… Sans états d'âme, et sans ménagement.

Mais là encore les choses tournent au vinaigre…

Sommés de faire feu sur la population, les soldats se mutinent et mettent crosse en l'air. Maintenant, les voilà qui fraternisent avec les insurgés et se retournent contre leurs supérieurs…

Contre Lecomte, d'abord. Lui aussi est arrêté et détenu dans une prison de Montmartre, rue des Rosiers (aujourd'hui rebaptisée rue du Chevalier de la Barre) où il retrouve Thomas, son compagnon d'infortune.

Et c'est par une foule déchaînée et ivre de colère que les deux hommes sont sommairement exécutés, dans l'après-midi même de ce 18 mars 1871. Sale journée pour le gouvernement.

La Commune de Paris commençait.

# U comme…

## Uhrich, Urbain, Urquijo

1- Jean-Jacques UHRICH (1802-1886). Des dates qui rappellent étrangement celles d'un certain… Victor Hugo, né la même année, décédé en 1885. Simple coïncidence. Toujours est-il que l'homme devait connaître une époque particulièrement riche et mouvementée, tant sur le plan politique que militaire, culturel ou social. Epoque qui devait faire entrer Uhrich dans l'histoire pour avoir…

*A- participé à la défense de Strasbourg pendant la guerre de 1870*
*B- contribué à redessiner les plans de la capitale sous la houlette du Préfet Haussmann*
*C- doté Paris de son premier système d'éclairage des rues par le gaz*
*D- donné de son vivant son nom à une avenue de Paris*

Le buste médaillé de Jean-Jacques Uhrich. Détail de la sépulture.
Illust. droits réservés

2-A et D.

Le buste en bronze est impressionnant, qui domine cette $50^e$ division. L'œil est sévère et la moustache altière. Bien sûr, le sculpteur n'a pas oublié les médailles, nombreuses, et bien mises en valeur.

De quoi faire pâlir de jalousie plus d'un militaire. Et puis le costume de général, avec épaulettes et galons, s'il vous plaît. Sûr qu'il a de l'allure, le général Uhrich.

Ses voisins de sépulture n'ont qu'à bien se tenir. Pour un peu, on lui ferait le salut militaire.

Il faut dire que l'homme n'a pas usurpé ces titres de gloire qu'il arbore si fièrement. Sorti de l'école Saint-Cyr avec le garde de sous-lieutenant d'infanterie, il ne tarde pas à gravir les échelons militaires. Bientôt, il est promu lieutenant, puis capitaine. Et c'est sous ce grade qu'il participe à la conquête de l'Algérie.

Puis c'est la guerre de Crimée, qu'il mène à la tête d'une partie de la garde impériale et qui le fait général de division. Enfin la guerre d'Italie, et le titre de Grand Croix de la Légion d'honneur... Prestigieuse carrière.

Août 1870. Strasbourg est assiégée. Uhrich, qui commande les opérations côté français, refuse de se rendre malgré les bombardements intensifs qui pilonnent la ville et qui incendient la bibliothèque et le musée.

A Paris, l'émotion est considérable.

Chaque jour des fleurs sont déposées, place de la Concorde, au pied de la statue de Strasbourg qui résiste si héroïquement à l'envahisseur.

Quelques semaines plus tard, pour rendre hommage au héros national qui incarne à lui seul la résistance à l'occupant, Etienne Arago, maire de Paris, signe un arrêté :

*L'avenue dite de l'Impératrice prend désormais le nom du Général Uhrich, le glorieux défenseur de Strasbourg.*

Honneur extrême pour le général que de voir, de son vivant, le nom d'Uhrich attribué à une avenue parisienne. Seul autre cas bien connu : Victor Hugo. Nouvelle coïncidence.

Mais le 27 septembre, Strasbourg tombe. C'est la déception. Et aussi l'heure de faire les comptes.

Fin 1871, un conseil d'enquête est chargé de statuer sur les capitulations qui ont eu lieu pendant la guerre.
Le héros d'hier devient bouc-émissaire.
On lui reproche d'avoir défendu la ville de façon trop passive, de l'avoir pour ainsi dire livrée à l'envahisseur sans combattre... Et puis de ne pas avoir tenu assez régulièrement le registre des opérations, pourtant prescrit par la loi. Et aussi d'avoir oublié de détruire armes, munitions et réserves de poudre que l'ennemi allait réutiliser contre les forces françaises après la reddition.
Bref, on lui reproche d'avoir manqué à tous ses devoirs militaires...
Et c'est le 10 février 1875 que le maréchal Mac-Mahon, en tant que Président de la République, signe le décret qui débaptise l'avenue du général Uhrich pour lui donner le nom d'avenue du bois de Boulogne.
Aujourd'hui, c'est l'avenue Foch.
Vous savez comment est la reconnaissance des hommes. Versatile.

2- Fils d'un modeste instituteur et instituteur lui-même, Raoul URBAIN (1837-1902) n'est guère resté dans les mémoires. Et pourtant l'homme devait être le témoin de l'une des périodes les plus fécondes de l'histoire de la France du XIX$^e$ siècle. Il fut en effet…

***A*** - *condamné aux travaux forcés pour ses activités politiques pendant la Commune*
***B*** - *le principal opposant à la loi de 1880 supprimant le repos dominical obligatoire*
***C*** - *un fervent militant pour la loi Freycinet de 1890 limitant à 3 ans le service militaire*
***D*** - *l'homme qui inaugura en 1889 l'exposition universelle de Paris et la Tour Eiffel*

Le profil de Raoul Urbain, détail de la sépulture.
Illust . droits réservés

2-A.

S'il est vrai que l'homme a connu maints événements majeurs qui ont marqué notre histoire nationale, le nom de Raoul Urbain résonne d'abord comme celui d'une personnalité de la Commune de Paris.

Bref mais tragique épisode que cette insurrection populaire contre le gouvernement issu d'une Assemblée Nationale pourtant élue au suffrage universel. Deux mois, depuis le 18 mars 1871 jusqu'à cette triste *semaine sanglante* qui s'achève le 28 mai. Les Communards - ou Fédérés - refusent de remettre la capitale aux Prussiens, comme en a décidé le gouvernement qui a abdiqué et s'est réfugié à Versailles. Vaille que vaille, l'autogestion de la ville s'organise. Adolphe Thiers, à la fois chef de l'Etat et du gouvernement, fait marcher les troupes versaillaises contre les Communards avec ordre de mater l'insurrection.

Les Fédérés résistent, mènent une lutte désespérée avec les moyens du bord, c'est à dire pas grand chose. Ce sera un carnage. Cernés de toute part, ils trouvent un dernier refuge dans le cimetière du Père Lachaise.

Cimetière qui sera bientôt le leur... Et qui garde aujourd'hui encore la cicatrice de ces événements, sous la forme d'un mur, le Mur des Fédérés. Mur qui reste aujourd'hui, en France et de par le monde, l'un des symboles majeurs du sang versé par les classes populaires.

C'est dans ce contexte politique et militaire particulièrement houleux que Raoul va se distinguer. Lors du soulèvement du 18 mars, il occupe la mairie du VII$^e$ arrondissement de Paris. Quelques jours plus tard, il est élu au Conseil de la Commune, assemblée où il s'occupe notamment des questions d'enseignement, des relations extérieures... mais surtout de la guerre. D'une intransigeance aveugle, il se montre partisan résolu de l'exécution des otages que les insurgés détiennent et qui incarnent à ses yeux l'injustice et l'insolence des gouvernants face aux classes prolétaires. Après la semaine sanglante, Urbain est arrêté, jugé et condamné aux travaux forcés.

Et ce n'est qu'en 1880, une fois l'amnistie signée, qu'il pourra regagner Paris où il finira ses jours à s'occuper de divers mouvements associatifs.

Bien loin des idéaux de sa jeunesse.

3- L'étonnante rotonde sous laquelle repose le Chevalier Mariano Luis de URQUIJO (1768-1817) n'est pas la moins originale des sépultures du Père Lachaise. On peut y lire les mots suivants: *Il fallait un temple à la vertu, un asile à la douleur...* De fait, la tombe abrite les cendres d'un homme qui, à la charnière des XVIII$^e$ et XIX$^e$ siècles, devait jouer un rôle politique majeur en Espagne et qui restera dans l'histoire pour avoir...

***A****- combattu l'invasion de l'Espagne par Napoléon*
***B****- aboli l'esclavage dans son pays*
***C****- vigoureusement combattu l'Inquisition espagnole*
***D****- rédigé la constitution espagnole de 1812*

La rotonde sous laquelle repose le Chevalier de Urquijo.
Illust. droits réservés

3- B et C.
C'est en 1478 qu'Isabelle la Catholique, soucieuse de parachever sans délai la reconquête d'une Espagne islamisée depuis plus de sept siècles, sollicite du Pape l'instauration de l'Inquisition.
Car il est maintenant grand temps d'en finir avec ces ennemis de la nation, ces nouveaux chrétiens, hier juifs ou musulmans, dont la conversion est jugée plus que douteuse... Sixte IV, Représentant de Dieu sur Terre, ne se fait pas prier et donne sa bénédiction...
Dès lors, c'est la porte ouverte à tous les excès. Arrestations arbitraires, humiliations publiques, intimidations, menaces, tortures, persécutions, exécutions sommaires... Forts du pouvoir absolu que leur confère Rome, les Inquisiteurs ne reculent devant rien pour obtenir aveux et dénonciations...
Il faut dire que l'Eglise catholique trouve en la circonstance un moyen fort opportun de renflouer ses caisses, elle qui s'octroie sans vergogne l'essentiel des biens spoliés aux *hérétiques*...
Alors... Alors, c'est la chasse aux sorcières, pour ne pas dire la curée.
Torquemada, le plus zélé des Grands Inquisiteurs de l'époque, pourra ainsi s'enorgueillir d'avoir, à lui seul, envoyé au bûcher plus de deux mille malheureux, accusés de s'être peu ou prou écartés de la stricte orthodoxie religieuse...
Mais les temps ont changé.
Et en cette fin de XVIII$^e$ siècle, celui des Lumières, l'Inquisition est sur le déclin.
Montesquieu, Voltaire, Rousseau, Diderot et quelques autres ne se sont pas privés d'en faire leur cible privilégiée, vilipendant une institution désormais chancelante mais toujours perçue comme le symbole même de l'obscurantisme...
Le coup de grâce ne tardera pas. Il sera politique.
Et Mariano Luis de Urquijo, Premier Ministre de l'Espagne entre 1808 et 1813, en sera l'un des principaux artisans.
Déjà, quelques années auparavant, il s'était illustré par son courage en abolissant l'esclavage dans son pays, s'attirant du même coup les foudres de tous les notables espagnols.
Maintenant, c'est à l'Inquisition qu'il s'en prenait... Car lui aussi, dans sa jeunesse, avait été victime de la chape de plomb inquisitoriale qui avait proscrit sa traduction d'une tragédie de Voltaire, *La mort de César*.

Depuis, il n'avait eu de cesse de vouloir mettre un terme à cette juridiction ecclésiastique d'un autre âge.

Et ce, avec l'approbation de Napoléon I$^{er}$ venu conquérir la péninsule ibérique, et de Joseph, frère de l'Empereur, tout juste nommé Roi d'Espagne.

La chute de Joseph en 1813 précipitera la fin de la carrière politique du Chevalier Urquijo, contraint de quitter l'Espagne et de s'établir à Paris.

Aussi, un an plus tard, c'est de France qu'il observera, amer, le rétablissement de l'Inquisition espagnole, sous le règne de Ferdinand VII.

Ce n'est qu'en 1834 que celle-ci sera définitivement abolie par la Reine Marie-Christine.

Sous son temple de marbre, Mariano Luis de Urquijo peut reposer en paix.

# V comme...

## Vaux (de), Visconti

1- En cette tumultueuse première moitié du XIX$^e$ siècle, rien ne prédisposait Clotilde de VAUX (1815-1846) à entrer dans l'histoire. Pourtant, sa courte existence allait marquer l'esprit de ses contemporains et ceux de bien des générations postérieures, en France et au-delà de nos frontières. La dame devait en effet passer à la postérité pour...

*A- avoir vécu une belle mais éphémère histoire d'amour*
*B- avoir été la tragédienne préférée de Napoléon III*
*C- s'être exprimé publiquement contre la peine capitale*
*D- avoir été empoisonnée par la maîtresse de son mari*

La belle Clotilde de Vaux.
Illust. droits réservés.

1-A.

Le 8 septembre de chaque année, date de sa mort, ils sont encore quelques-uns à venir se recueillir sur sa tombe.

Ou au 5, rue Payenne, à Paris, l'ultime demeure de Clotilde. Sur la façade, une peinture naïve, représentant une jeune femme vêtue de blanc, ceinte d'une écharpe verte, un enfant dans les bras. Et puis une inscription : *L'Amour pour principe, l'Ordre pour base, le Progrès pour but.*

Et tout en haut, en lettres majuscules : *RELIGION DE L'HUMANITE...* Les admirateurs sont tout à leur recueillement. Il faut dire qu'à quelques siècles de distance, l'histoire de Clotilde n'est pas sans rappeler la passion d'Eloïse pour Abélard, ou celle de Tristan pour Iseult.

1844. Belle, jeune, cultivée, mais de santé fragile et mal mariée, Clotilde rencontre un certain Auguste Comte, de dix-sept ans son aîné, qui enseigne la philosophie et l'astronomie dans les plus illustres universités.

Le coup de foudre est réciproque et immédiat. S'en suivra une histoire d'amour aussi touchante que chaste, aussi enflammée qu'éphémère. Une histoire d'amour qui allait donner lieu à un échange épistolaire des plus émouvants et des plus beaux. Auguste n'a d'yeux que pour Clotilde, son égérie, sa raison d'être.

Mais Clotilde est malade. Elle se meurt. Et la phtisie l'emporte, à trente et un ans, trois ans seulement après leur première rencontre. Auguste est désespéré. Sa raison vacille. Il ne peut concevoir une vie sans Clotilde.

Alors, lui, le philosophe, lui qui croit avoir percé les mystères de la vie et de la mort, il va la faire renaître. Mieux, il va l'immortaliser et en faire une déesse.

S'affranchissant du rationalisme qu'il prônait jusqu'alors, il place les fondements d'une nouvelle religion, la religion de l'Humanité. Une religion où l'épouse, la fille et la mère sont au centre de la réflexion.

Une religion où Dieu est une déesse, Clotilde.

Une religion où dire *je t'aime*, parfois, ne suffit pas.

2- Nul n'ignore que Louis VISCONTI (1791-1853) est le concepteur du tombeau de Napoléon qui attire les foules aux Invalides. On sait moins en revanche que l'homme, représenté ici en habit d'académicien et avec ses instruments de travail, fut mis à contribution pour élaborer les plans d'un bâtiment bien connu des Parisiens et qui n'est autre que...

**A**- *la Gare de l'Est*
**B**- *le Grand Palais*
**C**- *le Palais du Louvre*
**D**- *la Galerie Vivienne*

Louis Visconti, pensif, réfléchit à ses futures réalisations.
Illust . droits réservés

2-C.
Chez les Visconti, de père en fils, on a la passion des musées. Papa fut conservateur du musée du Vatican, lequel musée avait été fondé par grand-père...
Louis ne pouvait être en reste et se devait de perpétuer la tradition. Et c'est le prestigieux Louvre qui allait lui en donner l'occasion. Le Louvre aux mille vocations... D'abord forteresse défensive, puis résidence royale, ensuite palais... Un palais dont l'ultime métamorphose devait donner naissance au musée que l'on sait.
Le Louvre aux mille facettes, qui, de Philippe Auguste à Louis Napoléon Bonaparte, allait connaître autant d'aménagements qu'il allait abriter de souverains, chacun mettant un point d'honneur à marquer de son empreinte son attachement à l'emblématique monument.
L'un fera ajouter une cour, l'autre une galerie ou un escalier, le troisième une bibliothèque ou un jardin...
Plus tard, bien plus tard, ce sera la pyramide de Pei voulue par le Président Mitterrand.
En ce milieu du XIX$^e$ siècle, c'est donc à Louis Visconti, dans le cadre des grands travaux entrepris par Napoléon III, que revint la tâche de réunir le palais du Louvre à celui des Tuileries, parachevant ainsi une œuvre entamée sept siècles plus tôt.
Si le projet est bel et bien reproduit sur le monument funéraire de l'architecte, celui-ci, mort d'une crise cardiaque, n'en verra pas la réalisation.

# W comme...

## Walewski, Wallace, Wilde

1- La chapelle funéraire dédiée à la mémoire d'Alexandre WALEWSKI (1810-1868) n'est pas, loin s'en faut, l'une des sépultures plus visitées du cimetière. Et pourtant, l'homme qui y repose mériterait quelques égards, pour peu que l'on veuille bien se souvenir qu'il fut...

*A- l'un des responsables politiques les plus actifs de son époque*
*B- le compositeur préféré de Napoléon III*
*C- l'inventeur du moteur à explosion interne*
*D- le fils naturel de Napoléon Bonaparte*

Alexandre Walewski.
Illust. droits réservés

1- A et D.

Sûr que l'homme a joué un rôle de tout premier plan dans la vie politique française du milieu du XIX$^e$ siècle, lui qui fut tour à tour Chargé de mission en Pologne et en Egypte, Ambassadeur de France à Naples, Londres, Florence et Madrid, Ministre des Affaires Etrangères, Député, Sénateur, Président de la Chambre... Parcours qui en eût comblé plus d'un.

Mais c'est surtout en tant que fils naturel de Napoléon I$^{er}$ qu'Alexandre Walewski est entré dans l'histoire. Il faut dire que l'idylle entre sa mère, la Comtesse Marie Walewska et l'Empereur a fait couler beaucoup d'encre et marqué bien des esprits.

Premier janvier 1807. Varsovie est en effervescence. Pas pour célébrer la nouvelle année, non, mais pour accueillir comme il se doit un hôte de marque, un homme que la population considère déjà comme providentiel : Napoléon Bonaparte.

La ferveur populaire et patriotique est à la mesure de l'espoir de tout un peuple. Car seul l'Empereur des Français est en mesure de rendre à la Pologne son indépendance et de la délivrer du joug que font peser sur elle la Prusse, l'Autriche et la Russie...

Au passage du cortège impérial, on se bouscule et chacun veut être au premier rang. Les femmes lancent des bouquets de fleurs, les hommes crient des slogans de bienvenue, les enfants font la fête...

Vêtue comme une paysanne, une jeune femme de vingt ans, d'une rare beauté, se fraye un passage dans la foule et parvient, non sans mal, à s'approcher du carrosse de l'illustre visiteur.

- *Sire, soyez le bienvenu. Mille fois le bienvenu sur notre terre de Pologne qui vous attend pour la relever...*

Et de décliner son identité : *Je suis la Comtesse Marie Walewska, Sire.*

Bonaparte, subjugué par la beauté de la jeune femme, propose aussitôt de la revoir. C'est dans ce contexte de liesse populaire et de ferveur patriotique que naîtra une idylle enflammée entre Napoléon et Marie... et un fils, Alexandre.

Dans un premier temps, Marie est réticente. Bien sûr, elle n'est pas insensible au charme de l'Empereur, mais elle est mariée... A un septuagénaire, certes, mais elle est mariée...

Son éducation et ses valeurs lui interdisent de céder aux avances de plus en plus pressantes de Napoléon qui la couvre de lettres enflammées et de présents.

Mais l'honneur de la patrie ne vaut-elle pas quelques écarts...
D'autant que ses proches, à commencer par son propre époux, la pressent d'aller jusqu'au bout de ses élans patriotiques.
Alors...
Les deux amoureux se retrouvent à plusieurs reprises, dans les différentes résidences où séjourne l'Empereur entre deux campagnes militaires.
Et Marie, en chaque occasion, ne manque pas de rappeler à son impérial amant la promesse qu'il lui a faite lors de leur première rencontre: redonner à la Pologne sa dignité et son indépendance.
Plus facile à dire qu'à faire...
Car Napoléon est prisonnier d'une délicate relation avec la Russie... Déclarer publiquement l'adhésion de l'Empire aux velléités d'émancipation de la Pologne risque d'apparaître à la Russie comme un affront et d'attirer sur lui les foudres du susceptible Tsar Alexandre I$^{er}$...
Alors, il réfléchit, l'Empereur. Lui, qui fait trembler toutes les têtes couronnées d'Europe, lui qui a donné de sa personne sur tous les champs de bataille, lui qui, sans sourciller ni demander l'aval de personne, a toujours pris les décisions les plus audacieuses, il hésite, il tergiverse...
Maintenant, c'est lui qui s'interroge : Les baisers de Marie valent-ils une guerre ?
Finalement, il prendra une décision qui n'en est pas une: Varsovie sera un Grand Duché. Autrement dit, une sorte de protectorat français sur la région...
Pis aller bien éloigné des idéaux d'antan et des espoirs de la jolie Marie qui rêvait d'une Pologne libre et indépendante...
Mais Marie, plus amoureuse que jamais, ne lui tiendra pas rigueur de ne pas avoir tenu sa promesse.
A l'heure de la première disgrâce, elle sera la seule à venir, avec le jeune Alexandre, rendre visite à l'*Usurpateur* exilé sur l'île d'Elbe.
Plus tard, après la défaite de Waterloo, lorsque les Anglais auront définitivement mis à l'écart leur ennemi juré dans cette île de Sainte Hélène, aux confins de l'Atlantique sud, Marie cherchera encore à revoir Napoléon.
Mais cette fois, c'est lui qui l'en dissuadera.

En 1816, la Comtesse Marie Walewska épousera Philippe Antoine d'Ornano, lointain cousin de Napoléon, et décèdera en couches un an plus tard. Elle avait 31 ans.
Son cœur repose dans la chapelle de sa belle famille, non loin du corps de son fils.
Quant à sa dépouille, elle a été rapatriée en Pologne.
Marie Walewska, patriote jusqu'au bout.

2- Le monument funéraire dédié à Sir Richard WALLACE (1818-1890) ne passe pas inaperçu, même s'il ne constitue pas un modèle d'élégance architecturale. Quoi qu'il en soit, même le plus distrait des Parisiens ne saurait ignorer, sinon la personne, du moins le généreux legs que le célèbre philanthrope britannique laissa à Paris, comme une marque de son attachement à la capitale française... L'homme finança en effet...

*A- six hôpitaux parisiens dédiés aux plus démunis*
*B- 60 fontaines d'eau potable gratuite*
*C- la création des Buttes Chaumont et de plusieurs jardins publics dits « à l'anglaise »*
*D- l'installation des premiers réverbères à gaz sur l'avenue de l'Opéra*

Le philanthrope Britannique Sir Richard Wallace pose pour la postérité. Illust. droits réservés.

2-B.
Charles Aznavour :

*Pour te dire je t'aime, aussi loin que tu sois...*
*Une part de moi-même reste attachée à toi*
*Et l'autre, solitaire, recherche de partout*
*L'aveuglante lumière de Paris au mois d'août...*

Paris, au mois d'août... La lumière y est aveuglante, comme le dit la chanson, et la chaleur moite. C'est là, dans un square de quartier ou au détour d'une ruelle que l'on apprécie au mieux ces fontaines si étroitement associées au paysage parisien et que l'on doit au généreux Britannique.
Amoureux de la capitale et conscient des problèmes d'alimentation en eau et du coût rédhibitoire du précieux liquide, le philanthrope offrit au peuple de Paris une soixantaine de ces fontaines par lui-même dessinées et qui portent son nom.
Et Richard avait pensé à tout. Ainsi, les quatre élégantes cariatides qui servent d'écrin au rafraîchissant filet d'eau ne sont pas qu'ornement. Leur agencement et leur forme sont tels qu'un commerçant sans vergogne ne pourrait y glisser un réceptacle trop grand...
Thank you, Sir.

Caricature de Sir Richard Wallace en fontaine du même nom, parue dans le trombinoscope de la revue Touchatout, en 1873.
Illust. droits réservés.

3- L'imposante statue ailée qui veille sur le dernier sommeil d'Oscar WILDE (1854-1900) est l'un des monuments les plus visités du cimetière, comme en attestent les innombrables baisers au rouge à lèvres qui recouvrent son socle. Et pourtant, son érection demeura impossible pendant plusieurs années. Pourquoi ?

*A- L'homosexualité de Wilde, rendit impossible son inhumation au Père Lachaise*
*B- Le poids de la statue (20 tonnes) exigea de très longs travaux de soutènement*
*C- Une polémique opposa longtemps son amant et ses proches sur le lieu d'inhumation*
*D- Très réaliste, la partie virile de la statue était jugée choquante et provocatrice*

Oscar Wilde, photographié à New York en 1882.
Illust. droits réservés.

3-D.
Tellement chocking, même, que la statue fut amputée de sa partie virile, on ne saura jamais comment ni par qui...
Certains guides en mal de commentaires affirment sans ambages que le parapluie bien pensant de quelque prude Britannique n'y serait pas pour rien... Difficile à vérifier. Quant à l'objet du scandale, il aurait, toujours selon les mêmes, servi de presse-papier au conservateur du cimetière... Allez savoir.
En tout cas, l'honneur est sauf. Et c'est bien le principal.

La statue ailée, toujours couverte de baisers, sur la tombe d'Oscar Wilde.
Illust droits réservés

# X comme...

Toutes les Demoiselles, toutes les Dames et tous les Messieurs sans noms, qui demeurent comme autant d'inconnu(e)s du cimetière.
Car nous souhaitons en dire un mot. Juste un mot pour saluer, debout, la mémoire de ces anonymes injustement tombés dans l'oubli. L'oubli le plus absolu et aussi le plus ingrat.
Un mot, pas sous forme de question, mais sous forme d'hommage modeste et posthume. Sous forme de réponse, en quelque sorte.
Des professeurs, des cordonniers, des artisans, des artistes, des paysans, des notables, des prêtres, des riens-du-tout...
La postérité et les proches vous ont prestement oubliées, Mesdames. Et la mémoire se passera de vous, Messieurs.
Car on l'a dit, celle-ci est partisane, sélective, injuste.
Mais essayons de conserver votre souvenir.
Oublions un instant, les Branly, Champollion, Kardec, Parmentier et consorts. Laissons de côté les Talma, Chamans, Oberkampf et autres Gramme.
Restons entre nous, gens simples, modestes et sans prétention.
Car nos vies valent bien les leurs. Et parfois mieux.
Tombes anonymes ou abandonnées, épitaphes usées par la pluie, monuments rongés par la pollution et les tempêtes, patronymes illisibles, victimes des outrages du temps.
Autant de sépultures en passe d'être reprises pour être réattribuées. Et vos restes promis à d'improbables errements. Pour tout dire, à être effacés de la mémoire collective.
Sur d'innombrables tombes, on peut lire les mots suivants:
*Le temps passe, le souvenir reste.*
Jusqu'au jour où *c'est le souvenir qui passe, et le temps qui reste.*[1]

---

[1] La phrase est de Bertrand Beyern, in *Mémoires d'entre tombes*.

Curieux destin que celui d'une épitaphe.
Gravée dans la pierre ou le bronze, elle a pour vocation de transmettre pour l'éternité la mémoire du défunt.
Mais elle fatigue, l'épitaphe. Elle saigne. L'écriture s'étiole. Les lettres s'effacent dans la pierre. Les dates sont rongées par le vent d'ouest. Les noms deviennent illisibles.
Et avec ce vent d'ouest, le souvenir se meurt.
Au Père Lachaise, elles sont légion, ces sépultures devenues anonymes.
Faut-il les oublier pour autant ?

Pour la forme, on posera une question.
Ces sépultures sont...

*A*- *modestes*
*B*- *anonymes*
*C*- *belles*
*D*- *émouvantes*

Réponse :
A, B, C et D.

# Y comme...

## Ysabeau

1- Tour à tour prêtre, précepteur, professeur, puis curé, Claude-Alexandre YSABEAU (1754-1831) devait également jouer un éminent rôle politique et se faire élire député d'Indre et Loire, lors de la Convention. A ce titre, il allait se distinguer en votant...

**A**- *pour la mort de Louis XVI*
**B**- *contre l'exécution du roi*
**C**- *pour l'ajournement du procès du roi*
**D**- *pour l'intronisation de Louis XVII en lieu et place de son père*

Louis XVI est conduit à la convention pour y être jugé le 26 décembre 1792.
Illust. droits réservés.

1-A.

Il va sans dire que la période qu'aura vécue Claude-Alexandre Ysabeau est de celles que l'on peut qualifier de riches, sur tous les plans, en France et de par le monde. Politiquement parlant, la France connaîtra des formes de gouvernement d'une rare diversité. Jugez-en: Le Roi déposé le 10 août 1792, le pays allait, en quelques décennies, être successivement administré par la Convention, la République, le Directoire, le Consulat...

Puis ce sera l'Empire, les deux restaurations royales, elles-mêmes interrompues par l'épisode des Cent Jours, et suivies par la Monarchie de juillet. Enfin, le second Empire... De quoi donner le tournis !

De toutes ces expériences de gouvernement, la Convention n'est certes pas la moins intéressante. Succédant directement à la royauté, elle cristallise toutes les attentes nées de la révolution, incarne toutes les revendications populaires. Et elles sont nombreuses.

Mais pour l'heure, il faut décider du sort de la famille royale, à commencer par celui de Louis XVI...

Girondins et Montagnards s'opposent. Les premiers, craignant qu'un procès du Roi ne ranime la contre-révolution et ne renforce l'hostilité des monarchies européennes à l'égard de la France, s'emploient à en faire annuler le principe. Les seconds, emmenés par Robespierre, crient vengeance, qualifiant Louis XVI d'usurpateur, de traître, et même *d'ennemi étranger au corps de la nation*... On débat, on proteste, on s'invective. Ambiance.

Et puis, surgit cette affaire de *l'Armoire de fer*. Ce coffre particulier de Louis XVI, destiné à rester secret mais qui est vite découvert dans le palais des Tuileries. Le Roi y a imprudemment conservé des documents hautement compromettants qui étayent la thèse de la trahison...

La chose rendue publique, le procès devient inévitable. On en vient au vote.

Et d'abord, pour ou contre la culpabilité du roi. Le verdict est sans appel: Le Roi est reconnu coupable par 693 voix contre 28.

Et maintenant, il faut se prononcer sur le châtiment. Pour ou contre la mort.

Question simple, mais dont l'enjeu et la portée...

Claude-Alexandre Ysabeau, comme 365 autres députés, votera la mort. Contre 334, qui voteront contre... Il y aura aussi quelques abstentions.
Les Girondins font appel du jugement. En vain. On connaît la suite. La prison du Temple, les adieux à Marie-Antoinette, l'attelage qui traverse Paris au milieu d'une foule immense, mais muette. Comme prenant soudain conscience de la gravité de l'instant et de la portée de la décision prise par ses représentants. Et puis la place de la Révolution.
Au milieu, la Veuve.

# Z comme...
## Zavatta, Ziem

1- La case n°1918 du columbarium abrite les cendres d'Achille ZAVATTA (1915-1993), le célèbre clown que l'on ne présente plus. Pour évoquer le monde du cirque qui fut le sien, la plaque de la case est ornée d'un dessin naïf représentant...

*A- un arbre et une roulotte, rappelant les gens du voyage*
*B- un enfant-funambule, seul sur la piste*
*C- un Pierrot triste, une rose à la main*
*D- un chapiteau dans une nuit étoilée*

Achille Zavatta avec son éternel nez de clown. Illust. droits réservés.

1-A.

Lors de ses funérailles, ils formaient une foule immense et bruyante, ces gens du voyage.
Ils sortaient de leurs roulottes, nez de clown et costume de scène de rigueur. Et avec des paillettes.
Il y a là les dompteurs, les musiciens, les jongleurs, les acrobates, les prestidigitateurs... et le caissier, qui fait office de Monsieur Loyal... et puis la jeune fille qui vend des boissons à l'entre-acte et qui fait aussi placeuse...
C'est la fête. On est là pour s'amuser, c'est Achille qui l'a dit.
Mais les yeux sont humides sous le maquillage. Drôle de fête mais fête pas drôle.
Les anciens font bonne figure, évoquent le passé. Les voyages, les rencontres, les imprévus... Toutes ces joies et ces peines qui font le quotidien d'un grand cirque.
On cause, en tout cas, et ça fait du bien. Et puis, Achille nous écoute. Mieux, il nous entend.
Les plus jeunes, eux aussi, font semblant. Ils s'emploient de leur mieux à mettre de la joie là où il n'y en a pas. On jongle, on fait les pitres, on lance des boutades. Faut être à la hauteur, Achille nous regarde. Que dis-je, il nous observe.
Mais le cœur n'y est pas. Pierrot est là, lui aussi, et en tête de cortège. Pas sûr que cette grosse larme qui coule sur son visage blanc ne soit que mascara...
Mais c'est la fête, on l'a dit. Et, cymbales à la main et trompettes en bouche ils sont tous là pour accompagner en fanfare le dernier voyage de celui qui avait su leur montrer le chemin du rêve...
Dis, Achille, ces gamins, je leur dis quoi pour les faire rire?

2- Félix ZIEM (1821-1911). Pas sûr que la mémoire de tous nos contemporains ait gardé ce nom dans le répertoire des illustres aînés. A la charnière des XIX$^e$ et XX$^e$ siècles, l'homme devait pourtant entrer faire son entrée dans la postérité pour avoir été…

*A- l'architecte qui dessina les plans du grand palais*
*B- un peintre resté fameux pour ses toiles « italiennes »*
*C- un compositeur d'opéras, illustre à la fin du XIX$^e$ siècle*
*D- le chanteur d'opérette préféré du Président Félix Faure*

Un lion ailé veille sur le dernier sommeil de Félix Ziem. Détail de la sépulture.
Illust. droits réservés

2-B.

Né d'une mère bourguignonne et d'un réfugié croate, Félix était promis à une brillante carrière d'architecte. Il faut dire que le jeune homme montre en la matière de remarquables dispositions.

Brillamment diplômé de l'école d'architecture de Dijon, c'est d'ailleurs dans ce métier qu'il fait ses premières armes, participant à l'édification de l'aqueduc de Roquefavour, qui doit acheminer l'eau jusqu'à Marseille.

Mais une autre passion anime Félix, et depuis longtemps. La peinture. De passe-temps, elle devient bientôt sa raison d'être.

D'abord, il ouvre une école de dessin sur le vieux port, dans la cité phocéenne. Les élèves ne tardent pas à affluer. Puis, ce sera Martigues, autre source d'inspiration.

En 1842, tout juste âgé de vingt et un ans, il effectue un premier séjour en Italie. C'est le coup de foudre. La rencontre entre Ziem et la lagune vénitienne, notamment, sera déterminante. Désormais, la Cité des Doges devient sa muse, son égérie.

De retour en France, il découvre Paris, la forêt de Fontainebleau. Et se lie d'amitié avec Théodore Rousseau et Jean-François Millet, deux grands noms de la peinture romantique de l'époque. A leur contact, son registre s'élargit. Il peint de nombreuses scènes de la vie quotidienne, des portraits, des paysages champêtres.

Et c'est tout naturellement qu'il intègre ce qu'on nommera l'Ecole de Barbizon. Mais l'artiste voit plus loin que la bucolique Barbizon. Beaucoup plus loin.

Pendant trente ans, de 1850 à 1880, il parcourt l'Europe, pousse même jusqu'en Orient et en Afrique du nord.

Mais c'est Venise, peut-être parce qu'elle se situe entre deux mondes, qui l'attire comme un aimant. Il y séjournera à de nombreuses reprises. L'histoire d'amour entre le peintre et la ville ne se démentira jamais.

Et Martigues, où il installe enfin son atelier et dont il peint les canaux, le port, les étangs et les pêcheurs doit à son pinceau le surnom de Venise provençale.

Peintre prolixe, on lui doit, nous, un catalogue de plus de dix mille œuvres peintes.

Privilège d'exception, c'est de son vivant qu'il fera son entrée au musée du Louvre.

# Index des personnages
*div. indique la division dans le cimetière*

| | |
|---|---|
| 1- ABOUT Edmond 1828-1885, 36ᵉ div. | p. 9 |
| 2- ANJUBAULT Auguste 1820-1868, 65ᵉ div. | p. 11 |
| 3- ARAGO François 1786-1853, 4ᵉ div. | p. 15 |
| 4- ARMANT Sophie 1778-1819, 11ᵉ div. | p. 17 |
| 5- AUCLERT Hubertine 1848-1914, 49ᵉ div. | p. 19 |
| 6- BARBEDIENNE Ferdinand 1810-1892, 53ᵉ div. | p. 21 |
| 7- BARTHOLOME Paul-Albert 1848-1928, 4ᵉ div. | p. 23 |
| 8- BEDOYERE (de la) Charles 1786-1815, div. | p. 25 |
| 9- BIENVENÜE Fulgence 1852-1936, 82ᵉ div. | p. 29 |
| 10- BOURDIER Pierre 1895-1923, 94ᵉ div. | p. 31 |
| 11- BRANLY Edouard 1844-1940, 10ᵉ div. | p. 35 |
| 12- BRONGNIART Alexandre 1739-1813, 11ᵉ div. | p. 37 |
| 13- CAILLEBOTTE Gustave 1848-1894, 70ᵉ div. | p. 39 |
| 14- CHAMANS Antoine-Marie 1769-1830, 36ᵉ div. | p. 43 |
| 15- CHAMPION Edmé 1766-1852, 1ᵉ div. | p. 47 |
| 16- CHAMPOLLION J.François 1790-1832, 18ᵉ div. | p. 51 |
| 17- CHAPPE Claude 1763-1805, 29ᵉ div. | p. 53 |
| 18- CLAIRON (C. de La Tude) 1723-1803, 20ᵉ div. | p. 55 |
| 19- CLEMENT Jean-Baptiste 1836-1903, 76ᵉ div. | p. 57 |
| 20- DALADIER Edouard 1884-1970, 72ᵉ div. | p. 59 |
| 21- DODU Juliette 1848-1909, 28ᵉ div. | p. 61 |
| 22- DUNCAN Isadora 1877-1929, columb. n° 679 | p. 65 |
| 23- ENCAUSSE Gérard (Papus) 1865-1916, 93ᵉ div. | p. 69 |
| 24- ENFANTIN Prosper 1796-1864, 39ᵉ div. | p. 73 |
| 25- FOOTTIT George 1864-1921, 93ᵉ div. | p. 77 |
| 26- FOULQUIER Valentin 1822-1896, 72ᵉ div. | p. 79 |
| 27- FROCHOT Nicolas 1761-1828, 37ᵉ div. | p. 81 |
| 28- GALL Franz 1758-1828, 18ᵉ div. | p. 83 |
| 29- GAY-LUSSAC Louis Joseph 1778-1850, 26ᵉ div. | p. 87 |
| 30- GRAMME Zénobe 1826-1901, 94ᵉ div. | p. 91 |
| 31- HAHNEMANN Samuel 1755-1843, 19ᵉ div. | p. 93 |
| 32- HOFF Ignace 1836-1902, 4ᵉ div. | p. 97 |
| 33- HOUSSAYE Arsène 1814-1896, 4ᵉ div. | p. 99 |
| 34- INGRES Dominique 1780-1867, 23ᵉ div. | p. 101 |

35- ISOUARD Nicolas 1775-1818, 11$^e$ div.     p. 103
36- JOMARD François 1777-1862, 43$^e$ div.     p. 105
37- JOFFRIN Jules 1846-1890, 95$^e$ div.     p. 107
38- KARDEC Allan (L. Rivail) 1804-1869, 44$^e$ div.     p. 109
39- LACHAMBEAUDIE Pierre 1806-1872, 48$^e$ div.     p. 111
40- LASNE Etienne 1758-1841, 40$^e$ div.     p. 113
41- LEBAS Apollinaire 1797-1873, 4$^e$ div.     p. 115
42- LEDRU-ROLLIN Alexandre 1807-1874, 4$^e$ div.     p. 117
43- LESSEPS (de) Ferdinand 1805-1894, 6$^e$ div.     p. 121
44- LESURQUES Joseph 1763-1796, 8$^e$ div.     p. 123
45- LOYSON Hyacinte 1827-1912, 24$^e$ div.     p. 127
46- MAQUET Auguste 1813-1888, 54$^e$ div.     p. 129
47- MERCIER Sébastien 1740-1814, 11$^e$ div.     p. 131
48- MICHELET Jules 1798-1874, 52$^e$ div.     p. 133
49- MUSSET (de) Alfred 1810-1857, 4$^e$ div.     p. 135
50- NEVEU Ginette 1919-1949, 11$^e$ div.     p. 137
51- NOIR Victor (Y. Salmon) 1848-1870, 92$^e$ div.     p. 139
52- OBERKAMPF Christophe 1738-1815, 39$^e$ div.     p. 141
53- OZANIAN Antranik 1865-1927, 94e div.     p. 143
54- PARMENTIER Antoine 1737-1813, 39$^e$ div.     p. 145
55- PAWLOWSKI (de) Gaston 1874-1933, 23$^e$ div.     p. 149
56- PEUGEOT Armand 1849-1915, 95$^e$ div.     p. 151
57- PEZON Jean-Baptiste 1827-1897, 86$^e$ div.     p. 153
58- PLANQUETTE Robert 1848-1903, 93$^e$ div.     p. 155
59- POTTIER Eugène 1816-1887, 95$^e$ div.     p. 157
60- QUATREMERE M.Etienne 1782-1857, 32$^e$ div.     p. 159
61- RAUCOURT (F. Saucerotte) 1756-1815, 20$^e$ div.     p. 161
62- ROBERTSON Etienne 1763-1837, 19$^e$ div.     p. 165
63- RODENBACH Georges 1855-1898, 15$^e$ div.     p. 167
64- SAQUI (M. Lalanne) 1786-1866, 40$^e$ div.     p. 169
65- SCHOELCHER Victor 1804-1893, 50$^e$ div.     p. 171
66- SEZE (de) Raymond 1748-1828, 55$^e$ div.     p. 173
67- SIVEL Théodore 1834-1875, 71$^e$ div.     p. 177
68- SMITH Sidney 1764-1840, 43$^e$ div.     p. 179
69- TALMA François-Joseph 1763-1826, 12$^e$ div.     p. 183
70- THERY Léon 1879-1909, 91$^e$ div.     p. 185
71- THOMAS Clément 1809-1871, 4$^e$ div.     p. 189
72- UHRICH Jean-Jacques 1802-1886, 50$^e$ div.     p. 193
73- URBAIN Raoul 1837-1902, 90$^e$ div.     p. 197

74- URQUIJO Mariano Luis 1768-1817, 42e div.   p. 199
75- VAUX (de) Clotilde 1815-1846, 1$^e$ div.   p. 203
76- VISCONTI Louis 1791-1853, 4$^e$ div.   p. 205
77- WALEWSKI Alexandre 1810-1868, 66$^e$ div.   p. 207
78- WALLACE Richard 1818-1890, 28$^e$ div.   p. 211
79- WILDE Oscar 1854-1900, 89$^e$ div.   p. 213
80- X…   p. 215
81- YSABEAU Cl. Alexandre 1754-1831, 37$^e$ div.   p. 217
82- ZAVATTA Achille 1915-1993, columb. n° 1918   p. 221
83- ZIEM Félix 1821-1911, 93$^e$ div.   p. 223

**L'HARMATTAN, ITALIA**
Via Degli Artisti 15 ; 10124 Torino

**L'HARMATTAN HONGRIE**
Könyvesbolt ; Kossuth L. u. 14-16
1053 Budapest

**L'HARMATTAN BURKINA FASO**
Rue 15.167 Route du Pô Patte d'oie
12 BP 226
Ouagadougou 12
(00226) 76 59 79 86

**ESPACE L'HARMATTAN KINSHASA**
Faculté des Sciences Sociales,
Politiques et Administratives
BP243, KIN XI ; Université de Kinshasa

**L'HARMATTAN GUINÉE**
Almamya Rue KA 028
En face du restaurant le cèdre
OKB agency BP 3470 Conakry
(00224) 60 20 85 08
harmattanguinee@yahoo.fr

**L'HARMATTAN COTE D'IVOIRE**
M. Etien N'dah Ahmon
Résidence Karl / cité des arts
Abidjan-Cocody 03 BP 1588 Abidjan 03
(00225) 05 77 87 31

**L'HARMATTAN MAURITANIE**
Espace El Kettab du livre francophone
N° 472 avenue Palais des Congrès
BP 316 Nouakchott
(00222) 63 25 980

**L'HARMATTAN CAMEROUN**
BP 11486
(00237) 458 67 00
(00237) 976 61 66
harmattancam@yahoo.fr

644770 - Mars 2016
Achevé d'imprimer par